DAS KAMILLEN TEE-HAUS

Ein autobiografischer Roman

Siegfried Paul Gelhausen

© 2021 Siegfried Paul Gelhausen

Bilder: Siegfried Paul Gelhausen
Umschlaggestaltung: myMorawa

Verlag: myMorawa von Dataform Media GmbH, Wien
www.mymorawa.com

ISBN:
978-3-99125-590-1

Das Werk, einschließlich seiner Teile, ist urheberrechtlich geschützt. Jede Verwertung ist ohne Zustimmung des Verlages und des Autors unzulässig. Dies gilt insbesondere für die elektronische oder sonstige Vervielfältigung, Übersetzung, Verbreitung und öffentliche Zugänglichmachung.

Eine Kindheit im Oberen Drautal

Siegfried P. Gelhausen ist den Freunden der Kärntner Literatur von seiner dichten, bildhaften, in die Tiefe gehenden, mehrfach preisgekrönten Lyrik seit Langem bekannt. Nach längerem Schweigen – und er ist ein beredter und überzeugender Schweiger – geht er in „Das Kamillentee-Haus" daran zu reden: in Prosa und das in derselben schnörkellosen Art wie in seinen Gedichten.

Von Kind auf in der stummen Welt beheimatet, dort von Zufällen und ungünstigen Umständen grob umher gestoßen, zögert er lange, bevor er sich an den Computer setzt, um seine Erinnerungen schriftlich festzuhalten.

Geworden ist es ein exemplarisches Sittengemälde der Lebensumstände im Oberen Drautal um die Mitte des vorigen Jahrhunderts.

Ob seiner Authentizität ist dieses Buch auch als Zeitzeugnis von hohem Wert.

Engelbert Obernosterer

Das Kamillentee-Haus in meiner Kindheit, im Winter 1956

Schreibend werde ich wieder das Kind

Langsam und bedächtig steige ich aus dem Auto und stehe vor dem Haus, in dem ich vor siebzig Jahren zur Welt gekommen bin.
Es ist schon seltsam, wie schnell man siebzig geworden ist, wo doch das ganze Leben in Sekundenbruchteilen wie ein Film im Kopf abläuft.
Ein Buch über die Kinderjahre schreiben, warum tut man das?
Vielleicht weil man in nächster Zeit keine Gelegenheit mehr hat dazu? Wenn man dann mit Medikamenten ruhig gestellt im Altersheim tagein, tagaus vor sich hindöst, die sich nähernden Schritte des Knochenmannes zu vernehmen glaubt und Demenz die letzten Tage erträglicher machen. Längst ist das einst so stolze Gebäude nicht mehr bewohnt. Zusehends verfällt es zur Ruine, das Dach ist schon eingestürzt.
Es ist in einen traumlosen Tiefschlaf gefallen, aus dem es nie wiedererwachen wird. Wo früher jeweils ein hölzernes Nebengebäude stand, wuchern jetzt Holunder-Stauden und Brennnesselwälder.
Der Vergleich mit meiner Lage drängt sich auf, unsichtbare Hände greifen nach mir, wollen mich am Weitergehen hindern. Nur nicht stehenbleiben sonst verschlingt dich das geheimnisvolle Etwas, welches noch immer diesen Ort bewohnt und auf meine Rückkehr scheinbar nur gewartet hat.
Seit dem Tod meiner Mutter ist mir der Zutritt in das Haus leider nicht mehr möglich. Dabei würde ich so gerne wenigstens einmal noch durch die Zimmer und Räume gehen. Dieser Wunsch wird wohl unerfüllt bleiben?

Verwilderte Apfelbäume, noch von meiner Hand gepflanzt, trotzen üppig grün dem Niedergang? Als gäbe es kein Gestern und kein Morgen. Keiner will mehr ihre Früchte, achtlos verfaulen sie im hohen Gras.

Vom Balkon auf dem Großmutter Hitlers Geburtstag mit einer Torte gefeiert hat, lösen sich Bretter, drohen in die Tiefe zu stürzen.
Ich stehe in der Einfahrt zum Hof und schaue hinauf zu jenem Fenster.
Es ist nicht irgendein Fenster! Hinter diesem Fenster erblickte ich an einem Maitag im Morgengrauen das Licht der Welt.
Hinter den nun verstaubten Glasscheiben stieß ich meinen ersten Schrei aus, nachdem mir die Hebamme den berühmten Schlag auf den nackten Hintern gegeben hatte.
Kaum war ich auf der Welt, erfuhr ich schon die erste Gewalttätigkeit, aber es gab kein Zurück mehr.

Je länger ich am Ort meiner Kindheit verharre, umso deutlicher tauchen die Bilder aus dieser Zeit wieder auf! Sie sind unauslöschlich gespeichert auf der Festplatte, welche man Gehirn nennt.
Da ist das aufgeschlagene Knie, blutend, der höllisch brennende Arnikaschnaps, den Großmutter über die offene Wunde schüttet, die Hand meiner Mutter, wie sie mir die Haare aus dem Gesicht streicht, nachdem sie vorher ihr Stofftaschentuch mit Spucke befeuchtet hatte, der gepflegte Bauerngarten mit dem Lattenzaun, der grüne Steyer-Traktor mit den Froschaugen, die süßen goldgelben Marillen an der Hausmauer, das frisch gemähte Gras, das aufgeregte Gackern der Hühner, wenn sie gerade ein Ei gelegt haben, das Brüllen der Kühe im Stall, wenn Zeit zum Melken war und dann reißt urplötzlich der Film im Kopf!
Ganz still ist es um mich herum, nur ein Hund bellt in der Ferne.
Irgendwo habe ich einmal gelesen:
Der Vergangenheit nachtrauern ist wie dem Wind hinterherlaufen.

Aus dem kleinen Kastenfenster im Dachgeschoss neben dem desolaten Balkon beobachten mich die Augen eines längst verstorbenen Hausbewohners, ich spüre ein leichtes Frösteln.
Von Erzählungen meiner Großmutter weiß ich, dass man sich im Haus gerne zu parapsychischen Sitzungen getroffen hat. Das ging sogar soweit, dass der katholische Pfarrer von Ötting zu dessen Pfarrgemeinde der kleine Ort Pflügen gehörte, diese Treffen auf das strikteste untersagte!
Man rief die Seelen von Verstorbenen, um sie zu befragen.
Besonders beliebt war das „Tischl-Rückn" Die an der Sitzung Beteiligten saßen um einen Tisch herum, der keinen Eisennagel enthalten durfte und riefen Verstorbene bei ihren Namen. Nachdem diese dann anwesend waren, machten sie sich bemerkbar, indem sich der Tisch von allein hob und senkte.
Sie antworteten dann auf Fragen. Bei nein hob sich der Tisch einmal, bei ja zweimal. Danach musste man sich bei ihnen bedanken und sie wieder verabschieden. Tat man das nicht oder vergaß man darauf, konnte es vorkommen, dass der Geist blieb und im Haus sein Unwesen trieb. So hatte es mir Großmutter erzählt und duldete nicht, dass man darüber Späße macht.
Vielleicht gibt es einen Zusammenhang, mit den Katastrophen, die mehrfach über das Haus hereinbrachen? Um die Wende vom 19. auf das 20. Jahrhundert brannte das Haus bis auf die Grundmauern nieder und wurde wiederaufgebaut! Mehrfach wurde es von Hochwässern heimgesucht, weil die Drau nur einen Steinwurf entfernt vorbeifließt? Nicht genug damit, so wurde das Gebäude in den 70er Jahren durch ein Erdbeben heftig durchgebeutelt! Danach konnte man im Dachgeschoß durch die Mauerrisse direkt ins Freie sehen.
Im extrem schneereichen Winter 2013/14 brach dann unter der Last von fast 3m Neuschnee der bereits durch eindringendes Regenwasser morsche Dachstuhl in sich zusammen. Zum Glück war das Haus zu dem Zeitpunkt nicht mehr bewohnt.

Warum der Name; Kamillentee-Haus

In meiner Kindheit wuchsen um das Haus herum unzählige süß-herb duftende Kamillensträucher. Weil der Tee angeblich laut Aussage meiner Mutter so gesund war, musste ich täglich ungezuckert große Mengen trinken. So hielt sich bei mir die Liebe zu dieser zarten weißen Blume durchaus in Grenzen. Oft waren die Stängel voll mit schwarzen Läusen besetzt, was die Wirkung angeblich noch steigerte?

Ich bin mir sicher, in den Regalen der Vorratskammer stehen noch immer Kompott und Marmeladegläser, die meine Mutter selbst eingekocht hat. Dabei ist sie schon vor einem Vierteljahrhundert hinüber gegangen. Stundenlang stand sie in der Küche und legte Vorräte für den Winter an. Ich möchte darauf wetten, dass so manches Glas Ribisl-Marmelade noch immer genießbar ist.
Eine große Leidenschaft, ja fast schon eine Sucht von ihr war das Sammeln aller Art von Plastikbechern und Behältern. Sie war überzeugt davon, diese wieder verwenden zu können.
Sie warf auch keine Zeitung weg, sondern stapelte ganze Jahrgänge in einem kleinen Nebenraum ihres Schlafzimmers.
Sie war sehr sparsam aber nicht geizig, besaß keine große Auswahl an Kleidern und band sich jeden Morgen eine Küchenschürze um.
Am Dorftratsch beteiligte sie sich nie, klagte niemals, wenn sie ein Problem drückte, war immer für die Familie da und vergaß dabei ganz auf sich selbst.
Ich höre ihre leise, sanfte Stimme beim Vorbeigehen am Stallfenster, ein leichter Luftzug bewegt die Jahrzehnte alten Spinnweben, als würde sie mir zuwinken. Am Sims rosten in der Mittagssonne uralte Fischkonservendosen vor sich hin.

Ich schließe meine Augen, der betäubende Duft der Holunderblüten schickt mich auf die Reise in die Vergangenheit, ich tauche ein wie in einen tiefen dunkelgrünen See, lass mich sinken bis zum Grund, wo ich bereits von mir selbst erwartet werde.

Hitler schenkte Großmutter ein Gebiss

Das Rasseln der Ventile des dunkelblauen VW-Käfers war nicht zu überhören, als er in unsere Hofeinfahrt einbog und an der hölzernen Stiege hielt, die zur Tenne hinaufführte.
An den schwarzen Gummistiefeln des Bauern aus dem Nachbardorf Mötschlach, der fluchend aus seinem Auto kletterte, klebte eingetrockneter Kuhmist. Mit der einen Hand versuchte er fuchtelnd die lästigen Fliegen zu verscheuchen, während er mit der anderen ungeduldig an einem Kälberstrick zerrte.
Am anderen Ende des Strickes kam ein fast bis auf die Knochen abgemagerter Mischlingshund zum Vorschein. Das arme Tier machte einen verstörten Eindruck und ahnte wohl schon, was ihm bevorstand.

Aus der Haustür trat nun mein Vater, zündete sich eine Zigarette an und wechselte ein paar Worte mit dem Mann, den er scheinbar gut kannte. Da ich etwas weiter abseits von den beiden stand, konnte ich nicht hören, worüber sie sprachen, ahnte aber, worum es ging.
Dann ging Vater wieder zurück ins Haus, kam gleich darauf wieder heraus und mit seiner rechten Hand umklammerte er den stählernen Lauf einer Doppelflinte.

Mit langsamen Schritten überquerte er das Hofgelände bis er wenige Meter vor dem Gartenzaun haltmachte, wo der Mötschlacher gerade dabei war, den Hund am Zaunpfahl festzubinden.
Das war nun der Zeitpunkt, wo ich mich wegdrehe, um mich zu entfernen. Was jetzt passieren würde, hätte ich sowieso nicht verhindern können, auch wenn ich es noch so gewollt hätte.

Ich wusste, wie zornig mein Vater werden konnte, wenn ich mich jetzt einmischen würde. Um das Leben des armen Hundes zu betteln, hätte mir besten Falls ein spöttisches Lachen eingebracht.

In meiner kindlichen Fantasie wünschte ich mir, dass jetzt ein Raumschiff aus den Wolken auftaucht, den Hund zu sich hinauf beamt und ihm so das Leben retten würde. Aber nichts dergleichen geschah. Wenn wenigsten ein Blitz hernieder fahren würde um das Gewehr unbrauchbar zu machen. Nein, meine Gebete wurden da oben nicht erhört. Nur einen kurzen Moment schaute ich in die Augen des Hundes und hatte das Gefühl, als wollte er zu mir sagen; „Hilf mir bitte!"

Dann sehe ich, wie Vater in seine rechte Hosentasche greift und dann zwei Schrotpatronen in der Hand hält. Er dreht sie hin und her, knickt den Doppellauf der Flinte nach unten und schiebt die Patronen in die beiden Läufe. Wieder drehe ich mich weg, war aber nicht in der Lage auch nur einen Schritt zu tun, um mich zu entfernen, als wäre ich festgewachsen und hätte Wurzel geschlagen.
Dann ein metallisches Klicken wie es entsteht, wenn das Gewehr wieder zuklappt, um es schussbereit zu machen. Mir bleibt nur, die Ohren zu zuhalten, indem ich meine Hände fest dagegen drücke.
Wie ein Donnerschlag fällt dann ein Schuss den ich beinahe wie eine Erlösung empfinde.
Von den Bergen rundherum schallte das Echo mehrfach zurück.
Ich konnte nicht anders und musste hinsehen! Das dem Tode geweihte Tier lag am Rücken, die noch zuckenden Beine in die Luft gestreckt, hauchte es gerade sein Leben aus.

Reglos lag ein graues Fellbündel im Gras, dunkelrotes Blut versickerte langsam im Schatten der Zaunlatten und es stank nach Pulverrauch. Vom Waldrand her trug der Wind das Gekreische eines Eichelhähers herüber.
Der Mötschlacher beugte sich in das Innere des VW-Käfers und holte 20er Packung Smart-Export Zigaretten hervor.

Während er sich mit einem dreckigen Stofftaschentuch den Schweiß von der Stirn wischte, bot er meinem Vater eine Zigarette an. Beide rauchten schweigend an den dunkelblauen VW gelehnt und waren sichtlich zufrieden. Derweil sammelten sich Schwärme von

Schmeißfliegen auf dem Kadaver und begannen ihr Werk indem sie ihre Eier ablegten. Daraus würden schon bald weißlich gelbe Maden kriechen und das Werk vollenden.
So sieht also das Ende aus, dachte ich mir.

Der Schäfermischling vom Nachbar hatte da schon mehr Glück!
Weil er seine Ohren nicht aufstellen konnte, wie es zu einem ordentlichen Schäferhund eben gehört, schnitt der Nachbar ihm mit dem Taschenmesser einfach diese so zu, dass er sie nicht mehr hängen lassen konnte. Ein echter deutscher Schäferhund wurde aber trotzdem nicht aus ihm.

Das Verhältnis zwischen meinem Vater und dem Nachbar war für mich nicht durchschaubar! Man half sich zwar gegenseitig, wo es notwendig war, einer traute aber dem anderen nicht über den Weg.
Wenn der Nachbar wieder einmal ganz besonders freundlich war, führte er meistens etwas im Schilde. Da meinem Vater der nachbarschaftliche Frieden wichtig war, gab er schnell nach und der Nachbar besaß wieder eine Grundparzelle mehr. Das ging so weit, bis endlich der ganze Obstgarten sich im Eigentum des Nachbars befand, inclusive der alten Obstbäume, noch von der Hand meines Großvaters gepflanzt.

Damit konnte Vater sich gleichzeitig auch an Großvater rächen, mit dem er ständig im Streit lag.
Der katholische Nachbar war ein eifriger Kirchengänger, durch und durch scheinheilig im Gegensatz zu meinem evangelischen Vater, der lieber die Gasthäuser in der Umgebung besuchte.
Der scheinfromme Nachbar nannte meinen Vater einmal einen „Luthrischen Fock"! Hochdeutsch übersetzt heißt das ein „evangelisches Schwein!" Die wahre Bedeutung dieser Bezeichnung verstand ich als Bub natürlich nicht, aber von da an wusste ich, es gibt mindestens zwei verschiedenartige Religionen.
Umso verwirrender war für mich die Tatsache, dass der Rest meiner Familie ebenfalls katholisch war!

Das Erlebnis mit dem armen Hund nahm mich so sehr mit, dass ich den restlichen Nachmittag völlig zurück gezogen in den Drau Auen verbrachte. Dort hatte ich ein Lieblingsplätzchen, ein umgestürzter Baumstamm direkt am Ufer eines Nebenarmes der Drau. Hohes Schilfgras im Rücken gab mir die Sicherheit, dass ich unentdeckt bleibe. Kleine Fischschwärme, sogenannte Pfrillen, tummelten sich unmittelbar vor mir im ruhigen Wasser und schnappten nach Insekten, wodurch kleine Kreise an der glatten Oberfläche entstanden.
Ein Gelbrandkäfer ruderte breitbeinig zwischen Wasserpflanzen hin und her bis er aus meinem Gesichtskreis verschwand.
Eine metallisch-grün schillernde Libelle zog ihre Kreise, stand sekundenlang flügelschlagend in der Luft und erkor sich dann einen Schilfstängel als Landeplatz.
Endlich gelang es mir, die Gedanken wieder zu ordnen.

Weil unmerklich die Dämmerung einsetzte, die Stechmücken immer aggressiver wurden und der Mond schon hinter dem Jaucken-Kamm heraufstieg, machte ich mich auf den Heimweg.
Aus dem Küchenfenster drang das Licht einer Neonröhre zu mir nach draußen. Ich sah wie Vater gerade das Gewehr reinigte.
Der Schaft aus Walnussholz lag vor ihm auf dem kleinen Tischchen.

Mit einem dünnen Stock zog er einen ölverschmierten Lappen durch einen Lauf. Dann hielt er diesen gegen das Neonlicht an der Decke um zu prüfen, ob sich noch Rußpartikel im Lauf befinden.

Auf der Tischkante qualmte eine abgelegte bis zum Filter zurück gebrannte Zigarette. Zu den vielen Brandflecken kam gerade ein Neuer hinzu!
Am großen Tisch gegenüber blätterte Großvater in der Ausgabe des Bauernkalenders 1957 und in der Mitte der großen Küche loderten gelbliche Flammen durch die kreisrunde Öffnung im Herd.
Großmutter war gerade damit beschäftigt, das Abendessen in einer rußgeschwärzten Pfanne vorzubereiten, während ich mit kleinen Schritten in die Küche schlich und versuchte, keine Aufmerksamkeit zu erregen. Der Duft von gebraten Erdäpfel mit Speck und Zwiebel

empfing mich. Mein Magen knurrte so laut, dass ich Angst hatte, er könnte mich verraten. Keiner schien meine Anwesenheit zu bemerken oder man tat zumindest so, was mir nur mehr als recht war.

Am vollbesetzten, vom Plafond hängende Fliegenpicker, kämpften einige noch am Leben befindlichen Stubenfliegen neben ihren schon verendeten Artgenossen summend ums Überleben. Ein paar hatten das Glück, noch nicht am Fliegenfänger gelandet zu sein, sondern saßen am Tisch und strichen sich mit den Vorderbeinen über den Kopf. Nur zu gerne hätte ich gewusst, warum sie das tun.

Der Wiener Onkel Franz zeigte mir einmal, wie man eine Fliege überlistet und fängt. Danach hält man sie in der hohlen Hand gefangen, hält sie ans Ohr und hört ihrem verzweifelten Summen zu.

Nach dem Abendessen schickte mich Mutter gleich ins Bett.

Einige Stufen der alten Holzstiege hinauf in mein Dachkämmerchen knarrten so vertraut, als wollte sie mir sagen, da bist du ja wieder.

Jede Einzelne der abgetretenen Stufen aus Lärchenbrettern erkannte ich sogar im Dunkel schon an ihrem Knarren. Es war wie eine immer gleiche Melodie in zwei verschiedenen Abfolgen, nämlich ob man hinauf oder herunter ging.

Dieses Ritual ließ sich nur verändern, wenn man ein oder zwei Stufen übersprang. Ein Nachteil war, man konnte so gut wie nie unbemerkt diese Stiege begehen, weil man es im ganzen Haus hören konnte.

Bevor ich mein Stübchen erreichte, musste ich zuerst das Schlafzimmer der Großeltern passieren. Im Winter wärmte ein großer Kachelofen das Dachzimmer. Bei mir war es hingegen eiskalt; es gab nämlich keinen Ofen. In der Schattseite konnte der Winter sehr lange dauern. Aber dafür gab es eine Lösung. Ein schöner runder Stein aus der Drau wurde vorher in der Küche im Backrohr erhitzt, in Fetzen gewickelt und am Fußende meines Bettes unter den drei bis vier Decken platziert. Das garantierte für mehrere Stunden wohlige Wärme. Die Unterlage meines Bettes, auf der ich schlief, war ein Strohsack gefüllt mit Maisfedern, der bei jeder Bewegung raschelte. Durch das Liegen entstand in seiner Mitte eine tiefe Mulde.

Beim Aufwachen in der Früh konnte es vorkommen, dass auf der obersten Bettdecke eine glitzernde Reifschicht lag.
Ein zerfledderter Teddybär mit nur mehr einem Auge leistete mir Gesellschaft. Wenn ich meine Sorgen loswerden wollte, war er ein geduldiger Zuhörer. An der Wand neben dem Bett hing ein kleines Bild. Es zeigte einen Engel, der gerade mit ausgebreiteten Armen zwei Kinder sicher über eine desolate Brücke begleitete, unter welcher ein tosender Wildbach dahinrauschte. Von den großen weißen Flügeln des Engels ging ein himmlisches Licht aus. Ansonsten war es eher einsam in meinem Kämmerchen und es gab wenig, womit ich mich hätte beschäftigen können. So kam ich manchmal auf die Idee, das Schlafzimmer der Großeltern zu durchsuchen, wenn diese nicht in der Nähe waren.
Ganz oben auf dem Kasten von Großvater in der hintersten Ecke lag eine verstaubte Pistole aus dem ersten Weltkrieg.

Ich stellte auf einen Stuhl noch einen Schemel und konnte dann das Ding mit der Hand erreichen. Die Waffe war so schwer, dass ich es mit meinen Kinderhänden kaum halten konnte.
Irgendwie faszinierte mich der metallene Gegenstand und flößte mir aber gleichzeitig großen Respekt ein. Ob die Pistole geladen war, konnte und wollte ich nicht wissen.
Großvater hatte selbst am 1. Weltkrieg nicht teilgenommen, aber er hatte eine kriegswichtige Funktion. Er war Beauftragter für das Militär und hatte dafür zu sorgen, dass die Bauern in der Umgebung ihr Vieh ablieferten, damit die Soldaten an der Front mit Fleisch versorgt wurden, wodurch er sich wohl nicht nur Freunde gemacht hat.
Aber auch das Nachtkästchen der Großmutter war vor mir nicht sicher. Neben Bündel von Briefen, deren Schrift ich nicht lesen konnte, fand ich mengenhaft Salben und Creme Tiegel vor. Sie war sehr heilkundig und kannte sich mit Heilpflanzen gut aus, behandelte viele Krankheiten in der Familie selber. Nur die Amputation ihrer Hand in Folge einer Blutvergiftung konnte sie nicht verhindern.
In ihrer Nachttischschublade fand ich auch ein Gebiss. Sie sagte, es wäre es ein Geschenk von Hitler.

Als dieser nämlich an die Macht kam, erließ er ein Gesetz, dass Bäuerinnen sich völlig kostenlos Zahnersätze anfertigen lassen konnten. Da es aber nie wirklich passte, landete es in der Schublade und blieb dort auch. Auf eigene Kosten wurde ein weiteres angefertigt und das passte dann! Das tat aber ihrer Begeisterung für den Führer keinen Abbruch.

Abgesehen von den Jagdgewehren im Haus, Vater und Großvater waren ja Jäger, lag im Kleiderschrank meines Vaters zwischen den Socken und Unterhosen eine Pistole der Marke Mauser versteckt. Sogar mit einigen Schachteln Munition daneben! Die war mir aber zu heiß, ich rührte sie nicht an.

Der Himmel so grau

Im Winter schaffte es die Sonne nicht mehr über den Berg und blieb für Monate verschwunden. Nur ein schmaler, silberner Lichtstreif ließ die Hoffnung zu, dass sie sich hinter den schroffen Kalkwänden des Jauken nur versteckte.
Den ganzen Tag über ließ der Raureif zerbrechliche Kristalle an den Zweigen der Obstbäume wachsen. Von der nahen Drau her zogen dichte Nebelschwaden auf das Haus zu und umhüllten es mit einem Mantel aus weißer Watte. Wie unerlöste Seelen hingen vom letzten Herbst vertrocknete Früchte in den kahlen Obstbäumen in direkter Gesellschaft von Vögeln mit aufgeplustertem Gefieder, auf bessere Tage wartend, während ihre Artgenossen längst im Süden waren.

In dieser rauen, unwirtlichen Zeit verließ man das Haus nur, wenn es unbedingt sein musste. Einer dieser Gründe war, wenn ich den randvollen Nachttopf des Großvaters zu entleeren hatte. Er konnte das selber nicht erledigen, weil er sich mit zwei Krücken fortbewegte.
Das war immer eine besondere Herausforderung für einen Buben wie mich, weil ich den Balanceakt über Glatteis schaffen musste ohne etwas zu verschütten. Das Plumps-Klo befand sich nämlich im Freien an der Nordseite des Hauses.
Diesen Ort suchte kein Bewohner des Hauses freiwillig auf. Da gab es schon mal bis zu 25 Grad minus und mehr, also legte man die Strecke im Laufschritt zurück um nicht unterwegs den Erfrierungstod zu erleiden, weil man nachts gerade im Pyjama das warme Bett verlassen musste. An der eisernen Türschnalle froren einem sofort die Finger fest, wenn diese schweißfeucht waren. Im Schein einer schwachen Taschenlampe glitzerte der Raureif auf der hölzernen Klobrille. An ein Hinsetzen war nicht zu denken!

Die Seiten der Bauernzeitung, fein säuberlich in Viertelstücke gerissen, lagen griffbereit in Augenhöhe auf einem Brettchen gestapelt und erfüllten somit ihren allerletzten Zweck. Richtiges Klopapier gab es zwar schon, aber nicht bei uns. Eine Geldverschwendung wäre das gewesen.
Für das tägliche Entleeren des sogenannten „Kochl", wie der Nachttopf genannt wurde, erhielt ich niemals ein Dankeschön oder eine andere Form von Anerkennung.
Dafür, dass ich auch seine Zehennägel zu schneiden hatte, wäre es wohl das Mindeste gewesen, ein paar Schillinge zu erhalten, aber nicht einen einzigen Groschen ließ er aus. Dabei war seine schwarze Lederbrieftasche immer prall mit blauen Tausendschillingscheinen gefüllt. Als Sägewerkbesitzer verfügte er über regelmäßige Einnahmen. Es gab in der Verwandtschaft jedoch Bevorzugte, die ihm gerne dabei behilflich waren, die Scheine in den Umlauf zu bringen.

Später hörte ich oft vom Erzählen anderer Leute, dass er recht beliebt war und vielen Leuten in der Umgebung Arbeit gegeben hat. Erst der Verlust seines einzigen Sohnes in Folge des 2. Weltkrieges hätte ihn zum gebrochenen Mann gemacht. Es kamen aber auch noch andere Gründe dazu. So war ich zum Beispiel das Produkt eines gänzlich unerwünschten Schwiegersohnes.
Meine Mutter war die Jüngste von drei Kindern und Großvater hatte ganz andere Pläne mit ihr. Gutsituierte Bauernsöhne aus der Umgebung warben um das hübsche Mädchen mit stattlicher Mitgift aus gutem Hause. Sie aber verliebte sich ausgerechnet in einen daher gelaufen Ausländer, der arm wie eine Kirchenmaus war und nichts besaß als das, was er am Leibe trug.
Zum Glück war Großmutter viel toleranter. Ihr war die Liebe zwischen den Beiden wichtiger als seine Herkunft.

Das kleine Mädchen mit den blonden Zöpfen

Einige Tage nach Neujahr in aller Früh weckte mich Stimmengewirr welches bis zu mir in mein Kämmerchen drang. Es kam vom Hauseingang unten. Mehrere mir fremde Stimmen unterhielten sich laut lachend und scherzend, an ein weiterschlafen war nicht mehr zu denken! Kurz darauf die verzweifelten Schreie eines Schweines.
Mir ist sofort klar, was im Hof vor sich ging.
Dann ein scharfer, kurzer Knall und das Schwein verstummte, wieder Gelächter. Anscheinend hatten die Schlächter bei ihrer Tätigkeit viel Spaß, was durch das Ausschenken von hausgebranntem Obstschnaps noch gefördert wurde. Das verriet der Klang von Gläsern, die man anstieß.
Mehrmals drehte ich mich im Bett hin und her und zog die Decke bis zur Nasenspitze. Es war wie immer eiskalt im Zimmer.
Der in Fetzen gewickelte Stein an meinem Fußende war in der Früh auch schon kalt und ich stieß ihn aus dem Bett, was am Bretterboden ein heftiges plumpsendes Geräusch erzeugte.
Da stand plötzlich wieder dieses kleine Mädchen mit den blonden Zöpfen und den großen blauen Augen mitten im Zimmer, sah mich traurig an. Ich rieb mir die Augen und im nächsten Moment war es wieder verschwunden. War es nur eine Einbildung?
Seit Großmutter mir die Geschichte mit der Kleinen erzählt hatte, bekam ich ihr Bild nicht mehr aus dem Kopf! Es waren immer nur Momente, in denen sie auf einmal mitten im Zimmer stand, mit dem Finger im Mund mich fragend ansah und gleich darauf wieder verschwand.

In den letzten Kriegsjahren gab es eine ukrainische Zwangsarbeiterin am Hof. Die bedauernswerten Frauen und Mädchen wurden von den deutschen Besatzern aus ihrer Heimat verschleppt und bei uns zur Arbeit eingesetzt, weil es an männlichen Arbeitskräften mangelte.
Diese befanden sich nämlich im Krieg, weil ein verrückt gewordener verhinderter Kunstmaler plötzlich zum Diktator aufgestiegen war und unbedingt sein Reich in alle Himmelrichtungen vergrößern wollte!

So landete die junge Ukrainerin bereits schwanger bei uns am Hof.
Deutsche Soldaten hätten sie vergewaltigt, was man ihr aber nicht glauben wollte. So kam es, dass sie ihr Kind unbemerkt nachts im Stall zur Welt brachte. Sie habe sehr viel geweint, weil sie so Heimweh hatte, sagte Großmutter.
Bei Kriegsende war das kleine Mädchen zirka 3 Jahre alt, am Hof herrschte das totale Chaos. Etwa ein Dutzend von der Front zurückgekehrte Soldaten, bereits in Zivilkleidung, hielten sich im Haus auf. Die deutschen Uniformen hatten sie verbrannt, weil die Engländer schon von Osttirol her auf dem Weg ins obere Drautal waren.

Eines Tages war die ukrainische Zwangsarbeiterin plötzlich verschwunden! Angeblich machte sie sich auf den Weg in die Steiermark, um dort auf die russische Besatzung zu stoßen.
Was sie aber nicht wissen konnte, Stalin sah in den von den Deutschen zwangsweise verschleppten Menschen Spione und Verräter.
Wenn sie nicht sofort umgebracht wurden, deportierte man sie nach Sibirien. Von der Ukrainerin hörte man nie wieder etwas.
Das Kind jedoch ließ sie ganz einfach zurück! Bei dem Durcheinander schien sich aber niemand dafür zuständig zu fühlen. Auf der Suche nach seiner Mutter irrte das Kind weinend in der Umgebung des Hofes umher.

Einige Tag später fand man die kleine Leiche angeschwemmt, am Ufer der Drau. Ihr Kleidchen hatte sich an der Wurzel einer umgestürzten Erle im Fluss verfangen.
Man begrub die Kleine am Rande des Kartoffelackers unweit vom Haus ohne ein richtiges Grab. Dort ruht die kleine Anastasia und Wiesenblumen schmücken das unbekannte Grab.
Die Zeit nach dem Krieg und das Durcheinander wäre schlimmer gewesen als die Zeit davor versicherte Großmutter immer wieder.

Auch eine Cousine von mir starb in derselben Zeit mit zwei Jahren an einer Kehlkopf-Diphterie-Tetanus Infektion. Penizillin hätte das Kind gerettet, es gab aber keines und so erstickte es qualvoll in den Armen meiner Mutter. Obwohl die Amerikaner schon Penizillin hatten, stand es den örtlichen Ärzten und Spitälern noch nicht zur Verfügung.
Im Gegensatz zur kleinen Anastasia bekam meine Cousine Sigrun am Friedhof in Ötting ein richtiges Grab.

Die Eisblumen auf den Fensterscheiben meines Dachstübchens begannen im Feuer der aufgehenden Sonne prächtig zu funkeln und glitzern, ich fühlte mich wie ein König in seinem Palast.
Wenn die ersten Strahlen auch nur kurz und minutenlang über den Jauken hereinschauten, so wuchs doch die Hoffnung, dass der Frühling nicht mehr so weit sein konnte.

Als Mutter schwanger mit mir war, gab es einen außergewöhnlich schneereichen Winter und der kleine Ort Pflügen war tagelang völlig von der Außenwelt abgeschnitten.
Der Weg bis zur Hauptstraße musste händisch freigeschaufelt werden. Nicht auszudenken, wenn es bei Mutter Komplikationen gegeben hätte.
Kurz nach Weihnachten haben meine Eltern sich schnell noch das Jawort gegeben, weil es kein gutes Bild abgegeben hätte, wenn die angesehene Pflügl-Tochter ohne Trauschein entbunden hätte.

Der zuständige Pfarrer in Ötting verweigerte die Trauung, weil Vater evangelisch und Mutter katholisch war. So mussten sie nach Lienz in Osttirol ausweichen, in die Spitalskirche. Der katholische Pfarrer dort hatte damit kein Problem.

In den Wintern meiner Kindheit waren Wochen und Monate nicht endend wollend. Dunkle lange Nächte wechselten sich mit kurzen frostigen Tagen ab und doch gab es auch schöne kachelofenwarme Stunden in der Stube, erfüllt vom Duft des Mais welcher am Ofen getrocknet wurde, um dann zu Polenta Mehl vermalen zu werden.
Natürlich mussten vorher die „Türkn-Tschurtschn" (Maiskolben) von den Körnern getrennt werden. Zu diesem Zwecke stand in der Mitte der Küche eine vierbeinige, hölzerne Bank ohne Lehne auf der man rittlings Platz nahm. Darauf stand ein massiver Holztrog, in dem sich wiederum ein schmales Brett, gespickt mit stupfen Nägel befand.
Man zog die „Tschurtschn" mit sanftem Druck darüber und die Körner fielen in den Trog. Bei dieser Tätigkeit wechselte ich mich mit Großvater stündlich ab.
Polenta mit Milch gab es jeden Tag als Frühstück das ganze Jahr. Manchmal auch als Abendessen mit süßem Malzkaffee.
Sehr abwechslungsreich war der Speiseplan ja nicht gerade, aber fast alle Produkte wurden am Hof selbst erzeugt. Die Polenta, bzw. den Sterz nannte man spöttisch auch das Arme-Leute-Essen, aber in Krisenzeiten half er vielen Meschen zu überleben.

In einem Nebengebäude hatte Großvater eine komplette Schmiede eingerichtet und über der Schmiede eine Tischlerwerkstatt. Es wurde so viel wie möglich am Hof hergestellt und angefertigt. Sogar Schusterwerkzeuge ermöglichten es ihm, selber Schuhe zu reparieren. In diesen Arbeitsräumen verbrachte er besonders im Winter viel Zeit.

Wenn etwas nicht so gelang, wie er wollte, konnte er so laut fluchen, dass es nicht zu überhören war. Er rief dabei sämtliche Teufel der Hölle, inklusive Luzifer herbei. Zum Glück haben sich die aber taub gestellt und seinen Aufruf nicht Folge geleistet.

Im Erdäpfel-Keller hörte ich das Rauschen des Meeres

Wenn der Winter langsam zu Ende ging, die Sonne täglich an Kraft zunahm und die Schneedecke auf den Wiesen und Äckern immer dünner wurde, verbrachte ich auf einer Obststeige hockend täglich einige Zeit im fensterlosen Erdäpfel-Keller.
Gedankenversunken entfernte ich die jungen Triebe von den Kartoffeln, weil sie angeblich giftig wären und so nicht an die Schweine verfüttert werden durften.
Eine schwache 15 Watt-Glühbirne baumelte von einem schon morschen Holzbalken über mir. Obwohl es eigentlich ein etwas unheimlich wirkender Ort war, fühlte ich im Keller eine sonderbare Geborgenheit. Der Boden unter mir bestand aus gestampfter Erde, der Geruch wirkte beruhigend auf meine kindlichen Ängste.
Zu meiner eigenen Unterhaltung sang ich lautstark Seemannslieder die ich aus dem Radio kannte. Das wilde Rauschen des Meeres stellte ich mir dazu einfach vor, obwohl es im Erdäpfel-Keller totenstill war.
An Phantasie hatte es mir nie gemangelt, sie ging manchmal regelrecht mit mir durch, dabei war ich noch nie am Meer. Meine Mutter besaß eine große, weiße Muschel. Man hörte das Rauschen des Meeres, wenn man sie fest ans Ohr hielt!

Hier im Keller war ich auch sicher vor meinem Vater, niemals würde er auf die Idee kommen nachzuschauen, was ich hier mache.
Um diese Zeit am Nachmittag saß er sowieso meistens im Gasthaus bei der Schurlin an der Hauptstraße. Dann wird er wieder sehr spät in der Nacht heimkommen und mit Mutter lautstark einen Streit anfangen.

Sie ließ seine Schimpftiraden über sich ergehen, ohne etwas zu erwidern. Handgreiflich wurde er ihr gegenüber aber nie, dafür sparte er nicht mit beleidigenden Worten.
Ein schwerer Vorwurf betraf ganz direkt mich. Sie hätte ihm die Schwangerschaft mit mir nur angehängt, um ihn damit an sich zu binden. Dabei war er die große Liebe für sie, wie sie öfters betonte. Die Jahre im Krieg hatten aus ihm gemacht, was er ist. Gefühle zu zeigen, fiel ihm unglaublich schwer. Im Innersten hatte er aber einen weichen Kern.

Zum Streit kam es meistens nur dann, wenn auch Alkohol im Spiel war. Irgendwie schien sie sich schon längst daran gewöhnt zu haben.
Seine Worte mussten Mutter aber im Innersten sehr verletzt haben und erst, wenn sie zu weinen begann, ließ er sie in Ruhe.
Am nächsten Morgen war er dann wieder die Zurückhaltung in Person und den ganzen Tag über kam kein Wort über seine Lippen.

Eine weitere Pflicht im Winter war für mich, von der Tenne das Heu durch den Futterwurf in den Stall darunter zu befördern. Das war eine Plagerei, weil ich das fest zusammen gepresste Heu erst mit einer Krummgabel vom Stock zerren musste, um es dann durch ein viel zu kleines Loch zu stopfen, damit es nach unten in den Stall gelangte.
Auf der Tenne war es ebenfalls sehr dunkel, weil zu der Zeit schon früh die Nacht hereinbrach. Auch hier gab es nur zwei schwache Glühbirnen, es musste ja überall mit Strom gespart werden.
Im Gegensatz zum Erdäpfel-Keller fürchtete ich mich hier oben immer! Ständig raschelte es irgendwo hinter mir und ich hatte das Gefühl, ich werde beobachtet.

Darum beeilte ich mich, um möglichst schnell fertig zu werde.
Mein Einsatz im Stall war klarerweise eine Selbstverständlichkeit.
Abends und in der Früh hatte ich die Aufgabe, den Stall mit einer uralten Schiebtruhe und einer schweren Eisenschaufel zu entmisten.
Ganz besonders im Winter war das eine echte Herausforderung.
Während es im Stall angenehme Temperaturen hatte, empfing mich draußen vor der mit Eiskristallen tapezierten Türe frostigste Kälte.
Nur mit viel Schwung und Anlauf schaffte ich es über das völlig vereiste Brett hinauf auf den Misthaufen.
Da konnte es schon einmal vorkommen, dass ich abrutschte und mitten in der Scheiße landete, die aber Gott sei Dank hart gefroren war.

Im Stall standen zirka ein Dutzend Kühe, deren Anzahl sich immer wieder veränderte, meistens wenn der Viehhändler vorbeischaute und Vater gerade knapp bei Kasse war. Kälber hatten, wenn sie männlich waren, die kürzeste Überlebensdauer! Sie fanden als Schnitzel oder Rollbraten noch ein letztes Mal Beachtung, bevor sie endgültig in eine andere Welt hinüber gingen.
Eine Noriker- und eine Haflingerstute, 3 bis 4 Schweine, ein gutes Dutzend Hühner samt Hahn und bis zu einem Dutzend Katzen lebten in den eher beengten Stallungen.
Pünktlich noch vor Tagesanbruch um vier Uhr begann der Hahn zu krähen! Um zirka 5 Uhr wurden die Kühe unruhig, weil die Melkzeit begann. Die Katzen saßen dann schon aufgereiht da, um geduldig auf ihre tägliche Ration Milch zu warten, mehr hatten sie nicht zu erwarten. Den großen Hunger mussten sie sich schon mit Mäusen stillen, die gab es reichlich aber auch Ratten in großer Zahl.
Wenn eine Katze eine Maus gefangen hatte, spielte sie zuerst eine ganze Zeitlang mit ihr. Die Maus stellte sich tot und hoffte dadurch eine Chance zu bekommen, wenn die Katze einen Moment unaufmerksam wäre. Die Rechnung ging aber nicht auf!

Die Katze tippte nämlich mit der Pfote die regungslose Maus immer wieder an, bis sie sich wieder bewegte. Wenn die Maus einen Fluchtversuch wagte, kam sie nicht weit, die Katze war jedes Mal schneller.

Das grausame Spiel konnte manchmal sehr lange dauern, bis die Katze sich entschied, mit einem schnellen Biss das Leben der Maus zu beenden. Danach begann sie genüsslich den leblosen Körper mit Haut und Haar, begleitet von unüberhörbaren schmatzenden Geräuschen langsam zu verzehren. Wenn als Letztes dann der Schwanz der Maus im Maul der kauenden Katze verschwunden war, putzte sie sich mit der Pfote bis hinter ihre Ohren und schnurrte zufrieden.

Vater und Mutter wechselten sich beim Melken meistens ab.
Wir hatten als einer der ersten Bauernhöfe in der Umgebung bereits eine Melkmaschine.
Einmal sah ich, wie eine Kuh Vater, während er diese molk, den dreckigen Schwanz mitten ins Gesicht schlug. Er hatte gerade eine Zigarette im Mund. Er rauchte immer beim Melken, und das passte der Kuh wohl nicht? Die Kuh traf genau die Zigarette, es gab ein richtiges Feuerwerk und ich konnte mir das Lachen fast nicht verkneifen, weil es so komisch aussah.
Er aber lachte nicht, sondern ergriff den dreibeinigen Melkschemel, drosch wütend solange auf die Kuh ein, bis diese krachend zu Boden ging! Gleichzeitig bekam ich es mit der Angst zu tun und suchte rasch das Weite.
Meine Arbeit im Stall war erst dann beendet, wenn ich die tägliche Ration Runkelrüben und Kürbisse klein gehackt hatte, damit sie an die Schweine und Kühe verfüttert werden konnten.
In der Küche wartete dann der Butterkübel auf mich. Diesen musste ich mittels einer Handkurbel so lange drehen, bis im Inneren Butterklumpen entstanden. Das konnte je nach Temperatur der Milch bis zu einer Stunde und sogar länger dauern.

Da half auch ein ungeduldiges schnelleres Treiben des Rührkübels nicht, sondern brachte nur das Schimpfen der verärgerten Mutter ein. Hatte man es dann doch noch geschafft, formte Mutter in Holzformen, „Buttermodel" genannt die Stücke um sie verkaufsfertig zu machen.
Regelmäßig einmal pro Woche belieferte sie ein Lebensmittelgeschäft in Oberdrauburg. Dafür bekam sie aber kein Geld, sondern eine Gutschrift zum Einkaufen. Diese wurde in ein rotes Büchlein eingetragen. Es war sozusagen eine Art bargeldloser Tauschhandel.
Neben Butter lieferte sie auch noch Topfen und Weichkäse. Wenn sie selber keine Zeit hatte, übernahm diese Aufgabe ich. Mit dem Guthaben tauschte ich natürlich ohne ihr Wissen Süßigkeiten für meinen Bedarf und trat den Heimweg auf der Schattseite durch den Wald an.

Wenn Mutter dann wieder einmal selbst einkaufen ging, war der Kontostand in dem roten Büchlein auf Minus, was sie aber vorher nicht wissen konnte, weil das Büchlein immer im Geschäft blieb.
Obwohl sie darüber ganz und gar nicht erfreut war, sagte sie Vater nichts, sonst hätte ich wieder ordentlich Prügel ausgefasst.

Der Kessel-Flicker

Zur Zeit der Schneeschmelze, einige Wochen vor Ostern, tauchte jedes Jahr eine etwas seltsame Gestalt auf, als würde sie den Winter austreiben wollen.
An bereits schneefreien Stellen unter Bäumen am Waldrand zeigten sich schon die ersten Leberblümchen. Die hellblau leuchtenden Augen im Halbschatten der tiefhängenden Fichtenäste verscheuchten den kränklichen Winter wie einen zerlumpten Landstreicher woraufhin dieser sich murrend wieder in höhere Lagen, in die Berge zurückzog.

Die sonderbare Gestalt mit südländischem Aussehen trug eine schwere „Buckel-Kraxn" mit sich, auf der er Blechrollen und Werkzeug geladen hatte.
Das Scheppern konnte man schon von Weitem hören, wenn er sich dem Hof näherte.
Der Pfannenflicker war eines jener Originale, die damals noch übers Land zogen. Die Leute nannten ihn den „Klomprara".
Er flickte und reparierte mit großer Geschicklichkeit Pfannen und Töpfe für ein paar Schillinge.
Man warf nichts weg, sondern hob es auf, bis er kam, egal ob eine Pfanne einen neuen Stiel brauchte oder der Kochtopf ein Loch hatte.
Von Gestalt her wirkte er ausgemergelt und hager. Seinen breitkrempigen, abgegriffenen Hut hatte er stets tief ins rußgeschwärzte Gesicht gezogen und darunter blitzten listig zwei schwarze Äuglein hervor.
Herkunftsmäßig stammte er zwar aus Südtirol, hatte aber Vorfahren aus Sizilien.

Er sprach mit sehr sanfter Stimme, eingebettet in einen exotischen Akzent. Stundenlang konnte ich ihm zuhören, wenn er Geschichten erzählte, die er ganz spontan erfand, nur um mich damit zu unterhalten.

In unserer Holzhütte richtete er sich für einige Tage eine provisorische Werkstatt ein. Das Hämmern und Klopfen konnte man weit hören.
Dabei brummte und summte er vor sich hin, wenn er allein war und sprach auch gerne mit sich selber.
Wenn er von seiner Arbeit aufschaute, sah ich in seinen Augen die Unendlichkeit des Universums.

Wenn er dann seine Arbeit beendet hatte, zog er wieder seines Weges, ohne sich noch einmal umzudrehen.
Der Wald verschluckte seine dünne Gestalt und als Letztes war nur noch das Scheppern und Bimmeln seiner „Buckel-Kraxn" zu hören, obwohl er selbst schon längst nicht mehr zu sehen war.

Irgendwann kam er dann nicht mehr und in der Zeit vor Ostern habe ich ihn sehr vermisst! Daran konnten auch die hellblauen Augen der Leberblümchen nichts ändern, wenn sie Ausschau nach dem Frühling hielten.

Großvaters Uhr

Großvater besaß eine silberne Taschenuhr, auf die er unheimlich stolz war, weil sie aus Schaffhausen in der Schweiz war. Er trug sie an ganz besonderen Tagen an einer Kette in der Brusttasche.
Nichts ahnend, welche Katastrophe ich damit heraufbeschwören würde, nahm ich sie heimlich in die Schule mit, um damit vor den Mitschülern anzugeben.
Den Karl beeindruckte das Prachtstück derart, dass er davon seinem Vater zu Hause erzählte. Der setzte dann alles daran, um in den Besitz der Uhr zu gelangen und beauftragte seinen Sohn, mit mir zu verhandeln.
In den 50er Jahren war das Sammeln von Autobildern auf Brausepulver-Briefchen der Renner. Mit dem Pulver konnte man durch Mischen mit Wasser ein prickelndes Getränk herstellen oder man schleckte es ganz einfach aus der hohlen Hand.
Die bunten Autobilder klebte man in ein Sammelalbum und es gab einen regen Tauschhandel unter den Buben.
Da ich aber fast nie Geld hatte, präsentierte sich meine Sammlung eher sehr bescheiden.
Der Karl hingegen konnte schon ein fast komplettes Album vorweisen und hatte so ein leichtes Spiel mit mir. Er würde mir im Tausch mit der Uhr das Album überlassen, bot er mir an. Da muss mich wohl der Teufel geritten haben, als ich ohne lange nachzudenken sofort einwilligte.
Ich wusste ja, wo Großvater die Uhr immer aufbewahrte, wenn er sie nicht trug und so landete sie am nächsten Morgen in meiner Schultasche.

Der Tauschhandel mit Karl ging schnell über die Bühne, aber die Freude über meine Neuerwerbung währte nur kurz.
Sehr bald vermisste Großvater seine Uhr und der Schuldige war in meiner Person recht schnell gefunden.
Anfangs versuchte ich mich dumm zu stellen und leugnete jeden Zusammenhang mit dem Verbrechen. Alles Leugnen half mir aber nichts, Vater prügelte die Wahrheit aus mir heraus, bis ich alles zugab. Der Haselstecken pfiff nur so durch die Luft und auf mich hernieder! Kniend mit den Händen am Kopf versuchte ich wenigsten diesen zu schützen. Ich spürte, wie die Haut am Rücken aufplatzte, das warme Blut rann und wie sich dann eine Schmerzunempfindlichkeit einstellte. Als dann endlich Mutter und Großmutter eingriffen und Vater von mir wegzerrten, weil sie Angst hatten, dass er mich noch erschlagen würde, musste ich bereits am Boden liegend das Bewusstsein verloren haben.
Am nächsten Tag sollte ich den Tauschhandel rückgängig machen, die Uhr zurückbringen, was sich aber als aussichtsloses Bemühen herausstellte. Karls Vater dachte nicht daran, das gute Stück wieder heraus zu rücken.

Nun fuhr Großvater schwere Geschütze auf!
Am nächsten Tag klopfte es an der Tür zur 3. Klasse Volksschule in Irschen und der Lehrer ging hinaus um nachzusehen. Einige Minuten vergingen, dann kam er mit dem Dorf-Gendarm im Gefolge wieder zurück. Er trug einen fast bodenlangen mausgrauen Lodenumhang und darunter eine ebenso graue Uniform mit goldfarbenen Messingknöpfen. Quer über seine Brust spannte sich ein brauner Lederkoppel, an seinem Gürtel trug er eine ebenso braune lederne Pistolentasche aus der der schwarze Griff einer Pistole hervorschaute.

Er zeigte mit dem Finger auf mich sowie auf Karl und forderte uns auf, ihm nach draußen zu folgen. Mit weichen Knien folge ich seiner Aufforderung und Karl erging es wohl auch nicht besser.
Ich hatte meine Strafe sowieso schon ausgefasst. Schlimmer konnte es nicht mehr werden, dachte ich mir. Die nächste Zeit bei Wasser und Brot in der Gefängniszelle zu verbringen kann längst nicht so schlimm sein wie die Prügel, die ich zu Hause schon bekommen hatte.
Vor der Tür sprach die personifizierte Staatsgewalt dann eindringlich auf Karl ein und drohte damit, dass er auch dessen Vater aufsuchen würde, wenn dieser nicht unverzüglich die Uhr wieder zurückgeben würde. Mir gab er den guten Rat, nicht auf die schiefe Bahn zu geraten, sonst könnte es ein böses Ende mit mir nehmen. Ich versicherte ihm hoch und heilig, dass ich mich bessern würde.
Während er sich dabei zu mir niederbeugte, wehte mir eine gewaltige Schnapsfahne aus seinem Mund entgegen. Als er merkte, dass ich mir fast in die Hose machte, wurde er um eine Spur freundlicher und ein versöhnliches Lächeln huschte über sein Gesicht.

Die Aktion zeigte Wirkung!
Am nächsten Tag lag die Uhr vor mir am Tisch, mit Herzschmerzen musste ich nun auch das schöne Album mit den vielen Autobildchen an Karl zurückgeben.
Großvater ging ich in der nächsten Zeit so gut wie möglich aus dem Weg!
Seine Prophezeiung, dass aus mir ein Verbrecher werden würde, erfüllte sich schon deshalb nicht, weil ich ihm diese Freude nicht gönnte.

Weiße Rosen, Gladiolen und Rittersporn

Im Nachbarort Potschling ist eine alte Bäuerin gestorben.
Weil ich noch nie eine Leiche gesehen hatte, musste ich da unbedingt hin und schwang mich auf mein Puch-Waffenrad.
Vor dem Trauerhaus angekommen, standen schon einige Bauern aus der Umgebung beisammen und unterhielten sich übers Wetter.
Sie waren besorgt wegen der Heuernte, ob man diese wohl trocken wird einbringen können.
Nichts deutete darauf hin, dass im Haus gerade eine Tote lag.
Nachdem ich das Fahrrad an den Gartenzaun gelehnt hatte, betrat ich das Haus. Ein Duftschwall von Weihrauch, brennenden Wachskerzen und Blumen empfing mich schon an der Türschwelle. In der kleinen Bauernstube stand ich dann vor dem schlichten, offenen Fichtenholzsarg. Außer mir befand sich gerade niemand in der Stube, dessen bedrückende Atmosphäre mich in Ergriffenheit mit zum Gebet gefalteten Händen stumm verharren ließ.
Die alte Bäuerin lag wie eine Wachspuppe schwarzgekleidet da und ihre blank geputzten Schuhspitzen zeigten in Richtung Plafond.
Über das bleiche, eingefallene Gesicht hatte man einen durchsichtigen, schwarzen Schleier gelegt. Darauf hafteten kleine Tröpfchen des Weihwassers wie gläserne Perlen, liefen zu beiden Seiten ihrer Nasenspitze herab und versickerten im blütenweißen Polster unter ihrem Kopf.

So sieht also ein Mensch aus, wenn er gestorben ist, dachte ich bei mir.
Dabei sah sie aus, als würde sie nur ein Mittagsschläfchen halten.
Ihr Gesicht war völlig entspannt, fast lächelte sie zufrieden als wollte sie sagen, jetzt bin ich angekommen in einer Welt, die so viel schöner ist. An der Wand hinter ihr hing das Hochzeitsbild. Es zeigte sie und ihren längst voran gegangenen Mann mit dem sie nun wieder vereint war.

Dann ganz plötzlich Gepolter und Schritte hinter mir!
Unsanft drängen mich zwei Männer zur Seite, postieren sich auf beiden Seiten des Sarges und bekreuzigen sich mit ihren klobigen schwieligen Händen. Einer ergriff dann den an die Wand gelehnten Sargdeckel mit dem Kruzifix und schloss damit die letzte Ruhestätte der Frau. Mit Hämmern begannen sie in die Umrandung Nägel einzuschlagen was bei mir das beklemmende Gefühl von Endgültigkeit auslöste!
Jemand hinter mir stimmt laut zum Gebet an, die Stube hat sich mit Leuten gefüllt und der Sarg wurde hinausgetragen, vorbei am Gartenzaun, vorbei an den weißen Rosen an der Hausmauer, an Gladiolen und Rittersporn. Den kleinen Bauerngarten hat sie liebevoll bis vor wenigen Tagen noch selbst gepflegt.
Ein Leiterwagen nahm den Sarg auf, das schwere vorgespannte Noriker-Pferd scharrte schon ungeduldig mit den Hufen.
Weil ich nicht zu den Trauerleuten gehörte, machte ich mich auf den Heimweg, wo bereits die Feldarbeit auf mich wartete.

Vater war gerade damit beschäftigt, die Haflingerstute vor den Wagen zu spannen und würdigte mich keines Blickes. Er fragte nie, wo ich war, was ich mache usw. Es schien ihn einfach nicht zu interessieren.
Dabei wünschte ich es mir so sehr, dass er ein paar Worte mit mir wechseln würde.

Unsere Blicke trafen sich meisten nur zufällig, wirklich angesehen hat er mich nicht. Wie war es mir möglich, in einem Haus aufzuwachsen, wo mit mir keiner reden wollte?
Wenigsten Großmutter bildete eine Ausnahme. Von ihr lernte ich so viel, was für mein späteres Leben wichtig war. Ihre Worte glichen Samenkörnern, die in späteren Jahren erst aufgingen und sich in einen blühenden Garten verwandelten.

Ich half Vater die Arle, eine Art Pflug auf den Wagen zu laden, dann ging es zum Erdäpfel-Acker auf die Sonnseite. Meine Aufgabe war es nun, das Pferd am Zügel haltend durch die schnurgeraden Zeilen des Ackers zu führen, während er das Gerät mit beiden Händen fest in die weiche Erde drückte, um damit die kniehohen Stauden aufzuhäufeln.
Der Acker schien mir endlos lang und die Sonne brannte erbarmungslos vom Himmel. Um das tränende Auge des Pferdes hatten sich ringförmig unzählige Fliegen versammelt und ließen sich nicht von meiner Hand verscheuchen. Sie flogen zwar kurz auf, ließen sich aber sofort wieder auf der gleichen Stelle nieder.
In meinem ausgetrockneten Mund fühlte sich die Zunge wie ein Stück ausgetrocknetes Schwemmholz vom nahegelegenen Drau-Ufer an.
Im Geiste sah ich über mir am blauen Himmel wie eine Fata Morgana die Werbetafel von Sinalco-Limonaden. Die zitronengelbe Flasche wurde größer und größer, verschwand aber sofort wieder und mit ihr die lachende Frau mit dem Lockenhaar, welche das Getränk in ihrer Hand hielt …, dann ganz plötzlich wurde ich brutal aus meinen Träumen gerissen, als hätte der Blitz eingeschlagen!
Der mit Eisen beschlagene Huf des Pferdes traf mit aller Wucht den schwarzen Kinder-Gummistiefel und darin steckte mein Fuß.
Der Schmerz war unbeschreiblich, obwohl die weiche Ackererde den Tritt des Pferdes etwas dämpfte.

Ich biss die Zähne zusammen, Tränen schossen mir in die Augen, ich gab aber keinen Ton von mir, damit Vater ja nichts merkt. Ich hätte mir sonst vielleicht sagen lassen müssen, dass ich rein für gar nichts zu gebrauchen bin.
Ich ging weiter neben dem Pferd her und es wurde eigenartig warm im Gummistiefel, weil er sich langsam mit Blut füllte.

Dem Buchstaben „E" verdanke ich, dass es mich gibt

Wer war mein Vater eigentlich?
Für die Einheimischen war er der Deutsche, der Rheinländer den der Krieg hierher in das obere Drautal verschlagen hatte.
Mit 17 Jahren meldete er sich freiwillig zum Militär, weil er wie die meisten aller Gleichaltrigen aus seinem Dorf „Dünebusch", unweit von Köln der NS-Propaganda erlag.
Es wäre ja eine Schande gewesen, wenn man sich davor gedrückt hätte, und so wurde das Opfer zum Täter.
Gleichzeitig war es für ihn wohl auch eine willkommene Gelegenheit, der Eintönigkeit des Heimatdorfes zu entkommen.
Mit 14, gleich nach der Schule begann er im Steinkohlebergwerk zu arbeiten, wie sein Vater und Großvater auch, obwohl er gerne den Beruf als Förster erlernt hätte. Die kleine elterliche Landwirtschaft warf mit nur einer Kuh, 2 Schweinen und ein paar Hühnern nicht genug ab, reichte kaum zum Überleben.
Das Militär bot eine ganze andere Zukunft, man würde die Welt kennenlernen. So wie er sie dann aber kennengelernt hat, hätte er sich es wohl nicht erwartet.

Bevor er sich versah, fand er sich bei der Waffen-SS wieder, wurde zum Scharfschützen ausgebildet und genoss damit besondere Privilegien. Er erwarb sich zwar nie einen besonderen Rang und führte nur Befehle aus. Dabei schien er aber kaum mit seinem Gewissen in Konflikt zu geraten.

Sein erster Einsatz war der Überfall auf Polen, später Russland usw. bis er auf der griechischen Insel Kreta als Besatzungssoldat gelandet ist.
Die Kriegsjahre ließen ihn abstumpfen. Die Grausamkeiten und das Morden wurden zur Normalität. Man war ja nicht verantwortlich für die Befehle, sondern hatte sie einfach auszuführen!
Er sprach fast nie über diese Zeit und konnte es wohl auch nicht?
Wenn er am Stammtisch im Gasthaus saß und andere mit ihren Heldentaten im Krieg prahlten, schwieg er und sagte nichts.

Sein späterer Schwager Bernhard flog als Kampfpilot Angriffe gegen England, warf Bomben über London ab, bis er von einer britischen „Spitfire" über dem Ärmelkanal abgeschossen wurde und sich mit einem Fallschirm retten konnte. Er trieb stundenlang in der eiskalten Nordsee, bis er von einem deutschen U-Boot gerettet wurde, um dann wieder ins Cockpit zu klettern und weiter gegen England zu fliegen.
Ich kannte Bernhard nur als lieben, netten Onkel. Er liebte klassische Musik, hörte sich jedes Jahr das Neujahrskonzert aus Wien im Radio an und war ein großer Verehrer des Dirigenten Herbert von Karajan.
Wenn ich ihn danach fragte, wie das im Krieg war, versicherte er mir, dass er viele Bomben absichtlich auf unbewohntes Gebiet abgeworfen hätte, wenn es eine Möglichkeit dazu gab, aber immer war das nicht möglich, meinte er augenzwinkernd.

Die letzten Kriegsjahre verbrachte Vater als Besatzer auf Kreta.
Die Deutschen waren äußerst verhasst bei den Einheimischen.
Die männliche Bevölkerung musste sich in den Bergen verstecken, von wo aus sie als Partisanen die Deutschen hauptsächlich in der Nacht überfielen und so hofften, diese von der Insel vertreiben zu können.

Für jeden Angriff rächten sich die Deutschen unglaublich grausam, indem sie die Bewohner ganzer Dörfer auslöschten! Meistens waren davon Frauen, Kinder und alte Leute betroffen.

Als der 2.Weltkrieg zu Ende war, drehte sich der Spieß um und die Deutschen wurden zu den Gejagten!
Mit einem geklauten Fischerboot erreichte Vater gemeinsam mit einigen Kameraden in der Nacht das griechische Festland. Von da schlug man sich dann zu Fuß durch, um über den Balkan nach Deutschland zu gelangen. Das ging nur nachts. Wenn sie erwischt worden wären, hätten sie das mit Sicherheit nicht überlebt.
Viele deutsche Soldaten wurden auf dem Rückzug von den Jugoslawen gefangen und man machte kurzen Prozess mit ihnen! Damit wollte man sich an ihnen rächen, weil sie vor 1945 genauso grausam gegen die Bevölkerung am Balkan vorgegangen sind!
Mein Vater hatte unwahrscheinliches Glück! Er schaffte es über die Grenze bis nach Kärnten. Dort hatten sich inzwischen britischen Soldaten als Befreier schon häuslich eingerichtet und versuchten, im Land wieder Ordnung herzustellen.
Deutsche die über Jugoslawien nach Kärnten gekommen sind, übergaben die Engländer auf Grund einer Vereinbarung wieder an Jugoslawien.
Ob die Engländer gewusst haben, dass man sie dort ohne Ausnahmen sofort umbrachte?

Da stand er nun mitten in Klagenfurt, in zu Lumpen verkommener Zivilkleidung, kaputten Schuhen, ein paar wenigen Habseligkeiten im Rucksack und unterm Arm ein halbes Brot, welches er am neuen Platz bei einer Suppenküche des Roten Kreuzes bekommen hatte. Trotz seines Aussehens fiel er aber nicht weiter auf.

Aus allen Himmelsrichtungen trieben sich von den zusammen gebrochenen Fronten Soldaten in der Stadt umher. Jeder wollte nur noch nach Hause, falls er noch eines vorfinden würde. Viele Städte lagen durch Bombenangriffe in Schutt und Asche.

In Klagenfurt erfuhr er, dass die Amerikaner bei Linz in Oberösterreich ein Sammellager für deutsche Soldaten unterhielten und man dort mit Gefangenen eher human verfuhr. Also musste er sehen, wie er dorthin kam. Von da aus wäre es auch nicht mehr weit nach Deutschland.

Englischen Patrouillen konnte er auf dem Weg zum Bahnhof geschickt ausweichen.
Da stand ein abfahrtsbereiter Zug mit schnaubender Dampflok an der Spitze. Auf der Tafel eines Waggons war „LIENZ" als Zielort angegeben. Wie sollte er als Deutscher wissen, dass es ein „Linz" und ein „Lienz" gab? Nur der Buchstabe, „E" unterschied die beiden Orte. Er stieg in den Zug, weil er glaubte, dass es der Richtige wäre.
Diesem Irrtum sowie einer weiteren Kette von Zufällen verdanke ich wohl mein Leben. Man könnte auf den Gedanken kommen, dass es Bestimmung war?

Als die Sonne am späten Nachmittag schon tief stand, war endlich auch die Arbeit auf dem Erdäpfel-Acker getan. Völlig benommen latschte ich neben dem Pferd einher und ließ mich fast schon mitschleifen.
Schmerzen spürte ich so gut wie keine mehr, hatte aber auch kein Gefühl mehr in der Fußschaufel. Am liebsten hätte ich mich gleich zwischen die Zeilen des Ackers gelegt und nur mehr geschlafen.
Die ganze Zeit über verlor Vater kein einziges Wort an mich, sondern gab nur Kommandos an die Haflingerstute, wenn sie langsamer wurde. Ich spannte das Pferd aus, trottete es, am Zügel haltend, zum Drau-Ufer damit es trinken konnte. Ich setzte mich auf einen liegenden Baumstamm. Das Pferd trank sehr lange und ich hatte nun endlich Zeit, mich um meinen Fuß zu kümmern. Als ich endlich den Gummistiefel vorsichtig auszog, sah ich das verkrustete Blut am Fuß.

An der Flussoberfläche plätscherten kleine schaumgekrönte Wellen, schlugen an die Ufersteine und zerrten an den biegsamen Weidenästen, die ins Wasser hingen.
Ich hielt den Fuß in das kalte Wasser, bis ich nichts mehr spürte und die Blutkrusten sich langsam lösten, um langsam davon zu treiben.
Dann musste ich wohl eingeschlafen sein, als mich das Wichern des Pferdes aufschreckte und damit verhinderte, dass ich vornüber ins Wasser fiel. Mit dem Pferd hatschte ich wieder zurück, wo Vater angelehnt am Wagen eine Zigarette rauchte.

Der Zug von Klagenfurt nach Lienz in Osttirol war ziemlich überfüllt, da er nur an wenigen Tagen fuhr, Fahrscheinkontrollen gab es keine. Durch Bombenangriffe auf Bahnhöfe kurz vor Kriegsende war die Strecke an mehreren Stellen schwer beschädigt und nur notdürftig repariert worden.
Nachdem der Zug den Bahnhof Spittal an der Drau verlassen hatte, ahnte Vater noch immer nicht, dass er im falschen Zug saß.
Längst war auch schon die Nacht über das Drautal hereingebrochen.

In Greifenburg stieg eine Bäuerin zu und setzte sich ihm gegenüber ans Fenster. Etwas argwöhnisch beobachtete sie den Fremden mit den zerlumpten Kleidern, der ihre Neugier weckte, begann ein Gespräch mit ihm und hatte Schwierigkeiten wegen seines plattdeutschen Dialektes. Umgekehrt hatte auch er ein Problem mit ihrem Oberkärntner Dialekt.
Als sie erkannte, dass er Deutscher war und er ihr erzählte, er wäre auf dem Weg nach Linz wurde sie hellhörig.
Jetzt erst erfuhr er, dass er sich im falschen Zug befand!
Er hätte in Spittal an der Drau umsteigen müssen, um mit einem anderen Zug über Salzburg nach Linz zu gelangen.
Jetzt warnte ihn die Bäuerin vor den Engländern!

In Oberdrauburg gäbe es eine britische Kommandantur und da werde jeder Zug genau kontrolliert! Er wusste, was passieren würde, wenn er den Briten in die Hände fallen würde. Als der Zug in Irschen hielt, verließ er diesen beinahe panikartig, weil der nächste Halt wäre schon Oberdrauburg gewesen!
Schnaubend und stampfend fuhr die Dampflokomotive wieder an, als er sich umsah, stand er mitten im Wald.
Außer einer kleinen Haltestelle, welche wie eine Holzbaracke aussah, gab es nur noch ein steinernes Bahnwärterhäuschen, aus dem noch ein schwaches Licht nach außen drang.
Da kein Zug mehr zu erwarten war, schloss der Schrankenwärter das Haltestellengebäude und steuerte das Steinhäuschen an, wo er mit seiner Familie wohnte. Dabei tat er so, als würde er den Fremden aus dem Zug gar nicht sehen. In diesen unsicheren Zeiten trieben sich allerhand Gestalten herum, denen man nicht über den Weg trauen konnte, was das Verhalten des Schrankenwärters erklärte.
Als die Tür des Häuschens ins Schloss fiel, blieb Vater lange ratlos in der Dunkelheit stehen, wusste nicht weiter. Er hatte keine Ahnung, wo er nun gelandet war? Vom Berg herab funkelten Lichter eines entfernten Dorfes und er machte sich auf den Weg dorthin.

Da es schon sehr spät war, traf er im Dorf auf der Straße niemanden mehr an, obwohl hinter einigen Fenstern noch Licht brannte, ein Hund bellte, während er an einem Zaun vorbei ging.
Das Scheunentor eines Bauernhauses stand einen Spalt offen, so entschloss er sich, in der Tenne ein Nachtlager zu suchen.
Drinnen konnte er zwar nichts erkennen, es duftete aber einladend nach Heu. Schnell fand er ein Plätzchen zum Schlafen.

Am nächsten Morgen wurde er ziemlich unsanft mit der Frage geweckt, wer er sei und was er hier zu suchen hätte? Die Stimme gehörte einer älteren Bäuerin.

Drohend stand sie vor ihm mit einer auf ihn gerichteten Heugabel in ihren Händen. Irgendwie schien sie aber Mitleid mit ihm zu haben, so wie er aussah. Als sich für sie herausstellte, dass er ein Deutscher war, waren ihre Bedenken schnell verflogen, da man sich wenigstens sprachlich verständigen konnte.
Sie nahm ihn mit in die Küche, wo schon der Altbauer am Tisch saß, gerade trockenes Brot in die heiße Milch brockte, um es dann wieder auszulöffeln. Er musterte den Fremden misstrauisch, murmelte unverständliche Worte in sich hinein und war nicht gerade erfreut über den seltsamen Kerl der in der Küchentüre steht.

Dafür war die Bäuerin umso redseliger und konnte ihre Neugier kaum in Zaum halten. Ungefragt stellte sie ihm eine Schüssel heiße Milch mit einem Stück Schwarzbrot hin. Sie bot ihm an, für einige Tage zu bleiben, dann müsste er aber wieder gehen, weil englische Patrouillen nach Leuten wie ihn suchen würden.
Mit Brennholz hacken und Kühe hüten verdiente er sich Quartier und Essen. Beim Kühe hüten unterhalb des „Spitzbichl" sah er immer wieder englische Soldaten im Jeep vorbeifahren. Sie beachteten ihn aber nicht weiter. Das ging eine Zeitlang gut, bis er an einem frühen Morgen unter dem Fenster seines Zimmers hörte, wie ein Fahrzeug hielt, der Motor abgestellt wurde und englische Wortfetzen zum ihm heraufdrangen.
An Flucht war nicht mehr zu denken, er würde ihnen direkt in die Arme laufen! Also blieb er im Zimmer und hoffte, dass sie ihn da nicht suchen würden. Aber dann hörte er wie Soldatenstiefel die hölzerne Stiege herauf polterten und sich seiner Türe näherten. Im nächsten Moment wurde die Tür aufgestoßen und er konnte sich gerade noch mit einem Sprung dahinter verstecken!
Zum Glück sah man nicht hinter der Tür nach, hinter der er stand und schloss sie wieder. Die anderen Räume wurden ebenfalls durchsucht, dann entfernten sich die Schritte wieder. Bald danach wurde unten wieder der Motor eines Autos gestartet.

Durch einen Spalt im Vorhang sah er, wie ein offener Jeep mit vier schwer bewaffneten englischen Soldaten sich entfernte.
Nun waren die Bauersleute sichtlich nervös und beunruhigt als er in die Küche trat. Sie vermuteten, dass jemand im Dorf den Engländern einen Tipp gegeben haben könnte, was sehr gut möglich war.
Er sollte besser nicht bleiben, da sie sonst selber noch Probleme bekommen könnten. Sie rieten ihm, auf der Schattseite gäbe es in dem Ort Pflügen einen großen Bauernhof. Der Besitzer hätte in Simmerlach ein Sägewerk, welches aber durch eine Fliegerangriff Brand fing und bis auf die Grundmauern niedergebrannt ist und gerade wiederaufgebaut wird. Da würde man sicher noch ein paar fleißige Hände gut gebrauchen können.

Ich half Vater das Acker-Gerät aufzuladen, schwang mich hinter ihm auf den Wagen und nach einem lauten; „Hüaaa!" setzte sich das Pferd in Bewegung.
Vor dem Gasthaus der „Schurlin" blieb das Pferd wie von selber stehen und ließ sich an dem einbetonierten Ring festmachen, um für die nächsten Stunden brav auf die Weiterfahrt nach Hause zu warten.
Ich wurde mit einer Flasche Sinalco-Limonade und einer Packung Haselnussschnitten belohnt, während Vater ein Glas Rotwein nach dem anderen in sich hineinkippte und mit dem Viehhändler aus Mötschlach Karten spielte. Irgendwann wurde mir die Warterei aber zu viel und es wurde immer später. Also stiefelte ich allein nach Hause.

Vater verlies nun Irschen und machte sich auf den Weg ins Tal hinunter. Von den Bauersleuten wurde er mit Kleidung versorgt und machte so wieder einen halbwegs ordentlichen Eindruck.
Der kleine Ort Pflügen, nach drei Seiten hin von Wald umgeben bestand aus lediglich drei Bauernhöfen.
Das größte und prozigste Haus war der „Pflügl-Hof".

Eine junge Frau, die später meine Mutter werden sollte, zupfte gerade Unkraut im Garten, als der Jagdhund anschlug. Sie schaute auf und sah den Fremden, der gerade auf das Haus zuging.

Man hätte ihm oben im Dorf geraten, dass er hier um Arbeit fragen sollte, sagte er nach einer kurzen Begrüßung zu ihr und sie bat ihn daraufhin, ihr ins Haus zu folgen.

In der Küche werkte Großmutter gerade am Herd, schob den großen Topf mit den gekochten Erdäpfeln für die Schweine zur Seite, damit sie nicht weiterkochen.

Ja man könnte schon eine Hilfe gebrauchen, meinte sie zu ihm gewandt, erkundigte sich, ob er Hunger hätte und trug der Tochter auf, eine Jause zu richten. In der Knecht Kammer wies man ihm dann einen Schlafplatz zu.

Spät am Abend kam Großvater vom Sägewerk in Simmerlach zurück.

Seine Begeisterung über den Neuzugang hielt sich in Grenzen, aber seine Frau hatte sich nun schon mal entschieden, dass er bleiben könnte. Für die Arbeit am Wiederaufbau der Säge schien ihm der Neue nicht kräftig genug zu sein? Als er erfuhr, dass er mit Pferden gut umgehen konnte, hatte er nichts mehr dagegen und wollte ihm eine Chance geben.

Schon sehr bald entwickelte sich zwischen der Tochter des Hauses und dem Deutschen eine unübersehbare Zuneigung. Sie machte ihm schöne Augen. Die Initiative ging eher von ihr aus als von ihm. Für meine Mutter war es Liebe auf den ersten Blick, verriet sie mir viel später einmal etwas verschämt. Angeblich hat er sie an den amerikanischen Schauspieler Gregory Peck erinnert.

Großvater war darüber natürlich gar nicht erfreut, weil er mit seiner Tochter ganz andere Pläne hatte, was seinen künftigen Schwiegersohn betraf. Seine Vorstellung war ein gestandener Bauernsohn aus der Umgebung, der zumindest noch einige Hektar Wald in die Ehe mitbringen würde.

Doch dann kam es wie es kommen musste, Vater kehrte in seine Heimat, nach Deutschland zurück, wo schon Eltern und zwei Schwestern auf ihn warteten und froh waren, dass er die Kriegswirren überlebt hatte. Die Reisekosten hatte er sich mit seinem bescheidenen Arbeitslohn zusammengespart.
Was beide aber zu diesem Zeitpunkt noch nicht ahnten, meine Mutter war bereits im ersten Monat schwanger mit mir.

Als Vater in Köln ankam, lag die Stadt in Trümmern.
Sein Heimatdorf war auch nicht mehr das, was es vorher war.
Viele seiner Jugendfreunde und Schulkameraden waren im Krieg gefallen oder vermisst. Die kleine elterliche Landwirtschaft warf wenigstens das Notwendigste ab, um nicht zu verhungern. Arbeit gab es auch keine, die Kohlegruben waren geschlossen.

Als man Mutter ansehen konnte, dass sie in anderen Umständen war, wurde die Situation sehr heikel für sie.
Die Tochter des „Pflügl" Bauer ist schwanger mit einem Ausländer, der hat sich aber aus dem Staub gemacht und lässt sie mit einem Kind sitzen! Da brauchte man für Spott nicht sorgen.

Vater war aber mit ihr in Kontakt geblieben und man schrieb Briefe hin und her. Als sie ihm mitteilte, dass sie ein Kind bekommen würde, machte er sich umgehend auf den Weg zurück nach Kärnten und wurde am Grenzübergang in Salzburg vom Zug heraus von der Polizei festgenommen.
Nachdem er auf dem Kommissariat zum Verhör vorgeführt wurde, sollte er anschließend den Amerikanern übergeben werden.
Man wollte wissen, ob er als Kriegsverbrecher gesucht wird und was der Grund seiner Reise nach Österreich ist.
Im Laufe des Verhörs horchte der Kriminalbeamte auf, als er hörte, welches Ziel er hatte und wohin er eigentlich wollte.

Er kam nämlich selbst von dort und war das ledige Kind einer Magd, welche bei uns am Hof gearbeitet hat.
Später ist sie mit dem Buben nach Salzburg gezogen, wo sie einen Mann kennengelernt hat und diesen heiratete.
Vater durfte nun unbehelligt weiterreisen. Er bekam sogar noch ein Begleitschreiben der Kriminalpolizei aus Salzburg mit auf den Weg, sollte er unterwegs wieder in eine Kontrolle geraten.
Der Kriminalkommissar kam dann in den nächsten Jahren regelmäßig mit seiner Frau Milla zum Fischen nach Pflügen, wo Großvater in der Drau Fischreviere besaß. So lernte ich ihn dann als Onkel Ludwig kennen. Er fuhr einen kleinen, sandfarbenes Puch500er, obwohl er sich mit seinem Gehalt ein größeres Auto hätte leisten können.
Er freute sich so sehr auf seine Pensionierung, weil er dann nur mehr Fischen gehen wollte.
Drei Wochen, nachdem er in den wohlverdienten Ruhestand versetzt wurde, raffte ihn ein Herzinfarkt dahin.

Die Wiener kommen

Anfang Juni tauchte jedes Jahr Franz R. mit Frau, ein betagtes kinderloses Ehepaar aus Wien am Hof auf. Vater holte sie mitsamt ihren Koffern von der Bahnhaltestelle Irschen mit dem Pferdewagen ab.
Im Nebengebäude richteten sie es sich den Sommer über häuslich ein. Es war für mich immer ein bisschen so, als würden sie in ihrem Gebäck den Sommer mitbringen. Zur gleichen Zeit bauten auch die Schwalben im Stall an ihren Nestern.
Franz R. streifte jeden Tag mehrere Stunden durch die umliegenden Wälder, um nach Pilzen zu suchen. Die Frau las täglich die Kronen Zeitung und löste Kreuzworträtsel. Die Zeitung war meistens schon drei bis vier Tage alt, weil sie mit der Post aus Wien nachgeschickt wurde.
Mein besonderes Interesse galt den fast nackten Damen auf Seite 5!
Mit einer Schere schnitt ich die schwarz-weißen Bilder sorgfältig aus und sammelte sie. Das Ganze flog aber auf, als jemand zu fragen begann, warum da immer Teile herausgeschnitten wären?

Franz R. sammelte Unmengen von Pilzen, trocknete sie, um sie dann in Wien an Freunde und Bekannte zu verschenken.
Es war für mich immer faszinierend zu beobachten, wie er sein künstliches Gebiss im Mund hin und her schob, was mir wie ein echtes Kunststück vorkam.

Das möchte ich auch können, dachte ich mir aber meine Zähne waren leider fest angewachsen. Einmal sind die Zähne von Onkel Franz, so nannte ich ihn, beinahe herausgefallen.
In der Fliederstaude hinterm Sommerhäuschen hatte er ein Versteck, wo er seine Angelrute aus Bambus deponierte, wenn er vom Fischen an der Drau zurückkam.
Wenn er dann wieder stundenlang durch den Wald streifte, schnappte ich mir die Angelrute. Als erstes fing ich in der Wiese Heuhüpfer um sie als Köder zu verwenden. Es mussten aber die mit dem gelben Bauch sein, die mochten die Forellen ganz besonders gerne.
Manchmal mussten aber auch fette Regenwürmer herhalten. Die versteckten sich am liebsten unter dicken Brettern um den Misthaufen herum.

Großvater erwarb ein Fischereirevier in der Drau vom Fürsten Orsini Rosenberg. Also fischte ich ganz legal, war also kein sogenannter Schwarzfischer. Von elterlicher Seite war es aber für mich verboten, weil ich noch viel zu jung dafür war, was mich aber nicht daran hinderte. Gerade weil es verboten war, interessierte es mich umso mehr. Zudem kümmerte sich so gut wie nie jemand darum, wo ich mich den ganzen Tag herumtrieb.

Die Bambusrute war immer voll einsatzbereit mit Schnur, Rolle, Hacken und einem rot lackierten Korken als Schwimmer.
Ich hatte schon meine Plätzchen, wo ich genau wusste, da stehen besonders kapitale Forellen. Das waren meistens kleine Einbuchtungen mit über das Wasser hängenden Weidenästen.
Die Chance etwas zu fangen, war besonders gut vor einem aufkommenden Gewitter.

Schnell war der Wurm oder die Heuschrecke am Hacken befestigt.
Ein bis zwei kleine Bleikügelchen sorgten dafür, dass der Köder gleich unterging, aber nur so tief wie es eben der Korkschwimmer zuließ.
Dann hieß es warten und lange Zeit tat sich oft Garnichts.
Wenn endlich eine Forelle nach dem Köder schnappte, gab es urplötzlich einen gewaltigen Ruck, der Schwimmer tauchte ab und die Rutenspitze bog sich weit nach unten zur Wasseroberfläche!
So eine Forelle kämpft mit unglaublicher Kraft, springt weit aus dem Wasser, dreht sich um die eigene Achse, taucht in die dunkelgrüne Tiefe ab nur um den Hacken wieder loszuwerden. Nicht selten gelingt ihr das und weg ist sie wieder.
Wenn es mir dann doch einmal gelang, eine Forelle an Land zu ziehen, machte ich mit trockenen Ästen ein Feuer am Ufer und es gab ein köstliches Festmahl.
Nach den verbotenen Fischzügen schlich ich mit von Mücken zerstochenen Beine wieder nach Hause, stellte die Angelrute dahin zurück, wo sie vorher war. Der Wiener merkte nie etwas oder tat wenigstens so.

Wie kam der Wiener, Franz R. nach Pflügen

Im letzten Kriegsjahr, also 1944 war der Wiener Gefangenenaufseher im Nachbarort Simmerlach. Von dort aus wurden vorwiegend französische Kriegsgefangene als Zwangsarbeiter bei den Bauern eingesetzt. Von Großmutter wusste ich, dass bei uns am Hof auch ein Franzose zugeteilt war. Wir hätten wir sonst die Arbeit nicht bewältigen können, weil unsere Leute im Krieg waren, erzählte sie.
Wir haben Alfons, so hieß er, anständig behandelt und er bekam genug zu essen, versicherte sie mit Nachdruck. Sie muss wohl die Wahrheit gesagt haben, sonst hätte uns Alfons nicht fast 15 Jahre nach dem Krieg mit seiner Frau in Pflügen wieder besucht.

Ich staunte nicht schlecht, als ein weißer Peugeot mit französischem Kennzeichen vor dem Haus hielt! Die Begrüßung war sehr herzlich und er sprach sogar einige Worte deutsch. Der Mann umarmte meine Großmutter und freute sich sichtlich darüber, sie wiederzusehen obwohl er als Zwangsarbeiter am Hof gearbeitet hatte.

Der Wiener Gefangenenaufseher kam durch einen Zufall auf den Hof. Unweit von Simmerlach hatten wir eine Wiese gleich neben der Hauptstraße. Zwei Mägde waren gerade mit der Heuernte beschäftigt. Der Wiener ging gerade auf der Straße an der Wiese vorbei, als eine Magd nach dem Knecht rief; „Franz komm her und hilf mir!".

Franz hieß auch der Fremde auf der Straße und fühlte sich angesprochen. Woher kennt die Frau meinen Namen, rätselte er und kam ihrer Aufforderung nach.

Nach einem kurzen Wortwechsel klärte sich der Irrtum auf, die resolute Magd drückte ihm einfach den Rechen in die Hand und er half, die Arbeit zu Ende zu bringen.

Man lud ihn zu einer Jause auf den Hof ein. So entstand eine Art Freundschaft und er kam nach dem Krieg jedes Jahr mit seiner Frau Steffi als Sommerfrischler bis zu seinem Tod wieder.

Heiligenbilder und Haut auf der Milch

Fünf bis sechs Wochen im Sommer ging es auf die Alm hinauf und das kam einer Verbannung gleich! Weit weg vom Alltagsleben am Hof verbrachte ich in völliger Abgeschiedenheit mit den Großeltern die Zeit auf 1.800m Seehöhe, knapp an der Waldgrenze in einer Abgeschiedenheit, die für ein Kind unvorstellbar langweilig sein konnte. Die ersten unfreiwilligen Verschickungen in die Kärntner Berge musste ich schon im zarten Alter von zirka 5 Jahren über mich ergehen lassen.

Man spannte zeitlich in der Früh noch vor Sonnenaufgang die semmelbraune Haflingerstute mit der blonden Mähne, die auf den Namen „Glorietta" hörte, vor einen zweirädrigen Karren. Zwischen allerlei Sachen, die man auf der Hütte benötigte, fand ich in Decken gewickelt noch ein bequemes Plätzchen. Darüber wurden Stricke gespannt, um den Inhalt des Wägelchens zu sichern. Der Weg hinauf auf die Alm war sehr holprig und es gab viele Steine. Es bestand die Gefahr, dass ich mitsamt dem Inhalt unterwegs verloren gehen könnte. Das Pferd kannte die Strecke schon allein und Vater lief einfach hinterher.
Ich sah nur Baumwipfel und blauen Himmel, weil es fast ausschließlich durch den Wald ging und ich die holprige Reise liegend erlebte.
Da es über Stock und Stein ging, schlief ich wohl irgendwann ein und bekam nichts mehr von der Fahrt mit.
Weil das Pferd naturgemäß schneller als Vater war, wurde der Abstand immer größer, bis es keinen Sichtkontakt mehr gab.
So kam es, dass Glorietta viel früher vor der Hütte eintraf und vor der Almhütte gemütlich zu grasen begann.

Großmutter war mit Großvater schon seit dem Vortag auf der Hütte. Sie spannten den Karren aus, weckten mich und irgendwann kam auch Vater etwas außer Atem an. Er dürfte unterwegs hin und wieder eine Zigarettenpause eingelegt haben und wusste, dass er sich auf die Stute verlassen konnte.

Großvater errichtete auf der Leppener Alm oberhalb von Irschen eine Hütte um seiner Leidenschaft, der Jagd, nachgehen zu können.
Nach und nach kaufte er Grundstücke dazu, zäunte das Ganze ein und trieb Vieh hinauf. In der Folge baute er noch einen Stall als Unterstand und weil er schon dabei war, gleich auch zwei kleine Räume obenauf für die Sennerin. Rosalia hieß sie, wir sagten aber zu ihr „Sale".
Sie hatte nie geheiratet, war sehr fromm und verbrachte viel Zeit mit Rosenkranzbeten. So mancher Alm Hirte klopfte vergeblich an die Hüttentüre der Sale. Sie gab ihre Jungfräulichkeit nie auf. Die Wände in der Hütte hatte sie mit Heiligenbildern bis in den letzten rußgeschwärzten Winkel zugepflastert. Jeden Sonntag bei jedem Wetter ging sie zu Fuß ins Dorf nach Irschen hinunter, um die Messe zu besuchen und danach wieder auf die Alm zurück.
Die befahrbare Schotterstraße endete beim letzten Bauern auf der Leppen.

Da oben am Berg schien die Zeit still zu stehen und man zählte keine Stunden, sondern nur Tag und Nacht. Die alte Pendeluhr in der Hütte, sie schlug zu jeder vollen Stunde, aber wozu, fragte ich mich immer wieder? Wenn es in der Früh draußen vor dem Fenster hell wurde, war es Zeit zum Aufstehen. Wenn es draußen finster wurde, musste ich zu Bett gehen. Die Erwachsenen saßen aber oft noch lange beim Schein einer Petroleumlampe in der Küche und unterhielten sich mit unterdrückter Stimme. Es war zwar ein unverständliches Gemurmel, wirkte jedoch auf mich sehr beruhigend.
Das Knistern und Krachen der pechigen Fichtenscheiter im Herd ließ mich bald einschlafen.

Wie zu Hause auch, schlief ich auf der Alm auf einem Maisstrohsack mit einer tiefen Mulde in der Mitte.

In der Früh weckte mich der Duft von frisch zubereiteter Polenta, die Großmuttern besonders gut zubereiten konnte. Die Milch dazu holte ich immer am Tag davor mit einer Kanne von der Pirker Kammer, einer bewirtschafteten Sennhütte, welche zirka eine Stunde Fußmarsch weit entfernt lag. Dort blühten in leeren Fischkonservendosen auf der Fensterbank Edelweiß. Um die Sennhütte herum lagen ein Dutzend Ziegen zwischen meterhohen Brennnesseln und junge Zicklein sprangen übermütig umher.

Das Senner Paar war etwas verschlossen und nicht sehr gesprächig.

Gleich nach dem Befüllen der Milchkanne machte ich mich mit Peter, dem Sohn von der Nachbarhütte, wieder auf den Heimweg.

Wir waren im selben Alter. Während der Zeit auf der Alm war er mein einziger Spielkamerad. Er kam aus Klagenfurt, wo sein Vater Polizist war. Er war auch mit den Großeltern auf der Alm. Seine Oma besaß in Oberdrauburg eine Bäckerei und Konditorei.

Die Nachbarhütte hieß die Guggi-Hütte. Peters Oma hortete in einer Schachtel einen Vorrat von Süßigkeiten wie Schokoladen, Waffeln, Kaugummis usw. Nur mit Bargeld konnte man die begehrten Köstlichkeiten erwerben, weil sie eine beinharte Geschäftsfrau war. Ohne Geld gab es nichts! Natürlich hatte ich kein Geld, schon gar nicht auf der Alm, so konnte ich nur von den guten Sachen träumen. So ließ sie die Köstlichkeiten vor lauter Geiz lieber verschimmeln.

Dafür gab es im Wald um die Hütte herum jede Menge Himbeeren, Wald-Erdbeeren, Heidelbeeren und die waren umsonst!

Schmackhafte Pilze standen ebenfalls auf meinem Speiseplan und am liebste briet ich sie mit einer Prise Salz gleich auf der Herdplatte.

Doch einmal erwischte ich wohl einen falschen. In kurzer Zeit zeigten sich bei mir Vergiftungs-Symptome welche Großmutter sofort erkannte!

Sie braute mir ein grausliches, bitteres Kräutergetränk, welches ich in einem Zug ganz auszutrinken hatte. Daraufhin übergab ich mich und es ging mir bald wieder besser.

Der Großvater war auf der Alm meistens besser gelaunt als unten im Tal, sprach aber auch hier oben so gut wie kein Wort mit mir.

Er schaute regelrecht durch mich hindurch, so als gäbe es mich überhaupt nicht, als wäre ich Luft für ihn.

Stundenlang schnitzte er an Figuren mit naiven Gesichtern aus Birkenholz und bemalte sie mit bunten Lackfarben. Obwohl ich ihm dabei gerne zusah, blickte er hinter seiner Brille mit den dicken Gläsern nicht einmal auf. Es kam vor, dass er sehr früh bei Morgengrauen schon aufstand, sein Jagdgewehr, den Ferlacher Drilling umhängte und einige Zeit später wieder mit einem erlegten Rehbock am Rücken wieder zurückkam. Dann stand von Großmutter zubereiteter Wildbraten für die nächste Zeit am Speisezettel.

Bei Sonnenuntergang am Abend saß er gerne vor der Hütte, spielte auf der Gitarre und sang mit brüchiger Stimme schwermütige Lieder.

Ein Lied liebte er ganz besonders, er sang es oft. Darin kam ein Jäger vor, der mit dem Boot auf den See hinaus ruderte, um vom schwarzen Felsen eine Seerose für die Geliebte zu holen. Das Boot wurde am schwarzen Felsen von einem Wasserstrudel in die Tiefe gerissen, der Jäger kehrte nie mehr zurück.

In der Ecke auf der Bank hinterm Esstisch in der Hütte lag immer ein ganzer Stapel Illustrierte Zeitungen. Es handelte sich um schon ältere Lesezirkel Ausgaben wie Bunte, Stern, Revue usw. aus der Konditorei von Peters Oma in Oberdrauburg. Die Titelseiten waren farbig, ansonsten waren die Bilder in schwarz-weiß. Die Hefte waren schon sehr zerlesen und abgegriffen. Die hübschen Frauen im Bikini weckten mein Interesse ganz besonders. Sonst kannte ich Bilder solcher Art nur von den Versandhauskatalogen meiner Mutter von den Seiten mit der Unterwäsche.

Das Thema Sexualität gab es einfach nicht und es wurde auch nie darüber gesprochen, abgesehen von einigen blöden Witzen, welche die Erwachsenen sich untereinander in meiner Gegenwart erzählten und die ich nicht verstand. Es wurde meistens eher abfällig über Frauen gesprochen, die Kraftausdrücke sagten mir gar nichts.
Wenn ich dann doch einmal vorsichtig eine Frage stellte, erhielt ich als Antwort bestenfalls ein dümmliches Lachen.
Der Klagenfurter Peter war mir da allerdings um Lichtjahre voraus!
Als ein Schulfreund Peters für einige Tage auf die Alm zu Besuch kam, erhielt ich in der dunkelsten Ecke des Stalles von den beiden Städtern den längst fälligen Aufklärungsunterricht.

Nicht weit von der Hütte gab es etwas versteckt unter tiefhängenden Fichtenästen einen mit grünem Moos bewachsenen sehr großen Stein. Das war mein Lieblingsspielplatz, dort verbrachte ich so manche Stunde, wenn ich mich zurückziehen wollte.
Da ich so gut wie keine Spielsachen am Berg hatte, waren Fichtenzapfen, kleine Äste, Moospolster, Steinchen, Blumen und was ich sonst so im Wald fand mein Ersatz. Damit baute ich mir einen kleinen Bauernhof und legte auch ein kleines Gärtchen an. Was sollte ich sonst spielen, wenn ich nichts anderes kannte?
Es gab auch einen künstlich angelegten kleinen Teich unter der Hütte. In meiner Vorstellung war es aber ein riesiger See, Himmel und Wolken spiegelten sich in ihm.
Wenn ein Grashüpfer im Wasser landete, gab es kleine kreisrunde Wellen. Ein ausgerupftes Grasbüschel musste dann als Rettungsboot herhalten.

Gemeinsam mit Peter führte ich so manchen wissenschaftlichen Versuch durch. So wollten wir wissen, wie eine Heuschrecke sich mit nur einem Bein fortbewegt. Das Ergebnis war eher nicht zufriedenstellend aber wir konnten den Versuch leider nicht mehr rückgängig machen.

Peter ging einmal sogar so weit, dass er mit seinem Taschenmesser einem Frosch die Hinterbeine amputierte! Das ging mir zwar etwas zu weit, aber ich tat auch nichts dagegen, um ihn davon abzuhalten, sondern sah voller Grausen zu.
Christa, seine kleinere Schwester hat ihn dann bei seiner Oma verpetzt. Ein fürchterliches Donnerwetter musste er über sich dann ergehen lassen und sie verdrosch ihn ordentlich mit einer Birkenrute!
Seine qualvollen Schreie klangen bis zu unserer Hütte herüber.
Ganze drei Tage sah ich ihn nicht mehr, weil er strengsten Hüttenarrest bekommen hatte. Ich hatte ein sehr schlechtes Gewissen, weil ich auch dabei war.
Doch schnell war die Welt auf der Alm schon wieder in Ordnung.
Peter und ich schnitzten aus Lärchenrinde Schiffchen mit Papiersegel und bauten den Hafen am Teich aus.
Die Frösche waren von nun an sicher vor uns und hatten nichts mehr zu befürchten. Sie zwinkerten uns mit den Augen sogar ganz frech zu.
Am Einfluss zum Teich hatte Peters Vater ein Schaufelrad mit Hammerwerk gebaut. Das klopfte im Takt auf den Boden einer leeren Blechdose was man weithin hören konnte.

Jeden Samstag kam spät am Nachmittag Vater mit einem schweren Rucksack vom Tal herauf. Er brachte Nachschub an Lebensmittel.
Über die frischen Marillen, Äpfel und Ribisl machte ich mich sofort her. Einmal brachte er Farbstifte und einen Zeichenblock mit. In den nächsten Tagen entstand eine Zeichnung nach der anderen.
Vater blieb aber nie über Nacht wegen Großvater, sondern trat in der Dunkelheit wieder den Heimweg an. Am Ende der Straße, beim letzten Bauern hatte er den Traktor geparkt und mit diesem ging es weiter nach Irschen hinunter. Nachdem er noch bei den Gasthäusern „Linder" und „Schader Rudl" Einkehr hielt, kam er weit nach Mitternacht endlich zu Hause an.

Eines konnte ich nicht ausstehen, wenn beim Polenta-Frühstück auf der heißen Milch eine richtig dicke Haut schwamm! Die fischte ich dann mit zwei Finger heraus, streifte sie am Tischbein ab, wischte den Rest in die Lederhose und passte auf, dass Großmutter es nicht sah.
Es gab sogar eine Bademöglichkeit in Form einer verzinkten Wanne.
Gebadet wurde einmal in der Woche, immer am Abend vor dem zu Bett gehen. Im Schein der Petroleumlampe schrubbte meine einarmige Großmutter mir den Rücken und wusch mich mit einem Fetzen. Wenn nicht die Kernseife so in den Augen gebrannt hätte, wäre es recht angenehm gewesen.

Nach nicht enden wollenden Tagen und Wochen der Verbannung in den Bergen ging es endlich wieder hinunter ins Tal.
An das grauenhaft grelle Licht der Neonröhren in der riesigen Küche musste ich mich erst wieder gewöhnen und es schmerzte in den Augen.

Mein verwaistes kleines Dachstübchen empfing mich liebevoll mit gewohnter Vertrautheit. Der einäugige Teddybär saß noch genauso da am Bett wie ich ihn verlassen hatte.
Das abendliche Konzert der Laubfrösche im Geäst des Marillenbaumes vor dem Fenster sowie der betäubende Blütenduft der nahen Sommer-Linde ließen mich in der lauen Augustnacht alsbald einschlafen und irgendwie war ich froh, wieder im Tal zu sein.

Am nächsten Morgen, wenn die Sonne durch das kleine Fenster zu mir herein blinzelte, sprang ich direkt in meine kurze Lederhose.
Die war so speckig und dreckig, dass sie von selber neben dem Bett so stand, wie ich sie am Abend ausgezogen hatte.

Beim Onkel Doktor

Der Arzt Wilhelm R. in Oberdrauburg meinte nach einer eher kurzen, flüchtigen Untersuchung, dass ich eine länger andauernde Spritzenkur erhalten sollte. Mit länger andauernd meinte er mindestens ein Jahr oder sogar mehr, wenn es notwendig wäre.
Weil ein Doktor immer recht hat, war meine Mutter sofort einverstanden und willigte ein. Man hat es aber nicht für notwendig gefunden, mir die Gründe dafür zu nennen, weil der depperte Bub es sowieso nicht verstehen würde. Ich war mir auch keiner gesundheitlichen Beeinträchtigung bewusst, abgesehen von einer angeborenen Weitsichtigkeit wegen der ich ab dem vierten Lebensjahr schon eine Brille tragen musste. Der wahre Grund dürfte wohl gewesen sein, das Bankkonto des Doktors aufzubessern?
Der Mittwoch wurde so zum Martyrium, zum schwarzen Tag, Woche für Woche!

Also tippelte ich schattseitig durch den Wald nach Oberdrauburg bis zur Ordination und hatte dabei keine besondere Eile.
Wenn möglichst viele Patienten schon vor mir im Warteraum saßen und in den Illustrierten blätterten, war ich jedes Mal erleichtert, weil es die Wartezeit verlängern würde. Das verlängerte aber auch wieder das qualvolle, mit Angst erfüllte Warten. Alle paar Minuten musste ich auf das Klo.
Die Frau des Doktors war gleichzeitig auch seine Sprechstundenhilfe.
Wenn die weiße, dick gepolsterte Tür aufging, rief sie den nächsten Patienten hinein.

Irgendwann kam dann aber doch der Moment, wo sie mich mit ausnehmender Freundlichkeit dazu aufforderte, einzutreten und dann zuckte ich zusammen, als müsste ich zu meiner Hinrichtung gehen.
Mit schlotternden Knien betrat ich das Behandlungszimmer und sie schloss die Türe hinter mir wieder, also gab es kein Entkommen mehr.
Hinter seinem großen Schreibtisch saß der Doktor im weißen Kittel und lachte schon, wenn er mich sah.
Nachdem er mit einer Tinten-Füllfeder etwas auf ein Blatt Papier gekritzelt hatte, stand er auf und ging grinsend auf mich zu.
Als ehemaliger Militärarzt im Krieg war er nicht gerade sehr feinfühlig.

Er forderte mich auf, die Hosen herab zu lassen, während er sich einer Glasvitrine zuwandte und eine jener Spritzen herausnahm, welche man immer wieder verwendet, nachdem sie sterilisiert worden waren.
Er ritzte mit einer kleinen Säge eine Ampulle an, brach das Oberteil mit einem kackenden Geräusch ab und zog den Inhalt mit der nicht gerade dünnen Nadel heraus. Dann hielt er die Spritze senkrecht in die Luft, drückte die Luftbläschen aus dem Glaszylinder bis die ersten Tröpfchen an der Nadelspitze erschienen und drehte sich mit dem noch immer gleichen Grinsen zu mir.
Weil er fast doppelt so groß wie ich war, beugte er sich von vorne über mich, tupfte mit einem alkoholgetränten Wattebausch die Stelle ab, an der er gleich zustechen würde und zack, die Nadel steckte in mir!
Ausweichen war nicht möglich, weil er mich gleichzeitig mit der großen Pranke seiner anderen Hand an sich drückte.
Ich solle mich entspannen rät er mir, dann würde es weniger weh tun.
Ich spürte, wie die Flüssigkeit langsam in das Muskelfleisch meines Hinterteiles eindrang.

Einmal kam ich auf die Idee, mich vorher am Klo einzusperren.
Ich werde einfach warten, bis der letzte Patient, der Doktor und seine Frau gegangen sind. Was ich aber nicht einberechnet hatte, der Doktor schloss auch die Türe zum Warteraum nachdem er die Ordination verließ.
Wenn nicht seine Frau einige Zeit später wieder zurückgekommen wäre, um die Räume zu putzen und mich dabei entdeckte, wäre ich wohl bis zum nächsten Tag eingeschlossen geblieben.
Sie rief ihren Mann, weil die Wohnung gleich nebenan war, der kam auch sofort und verpasste mir die überfällige Spritze!
Beide amüsierte das so sehr, dass sie herzlich über mich lachten mussten. Ich wäre aber am liebsten vor Scham in den Boden versunken!

Bevor ich wieder zu Fuß den Heimweg antrat, kaufte ich mir zur Beruhigung noch zwei Schaumrollen in der Konditorei.
Der Weg durch den Wald half mir dann, das Erlebte zu verarbeiten. Eine Stille, nur unterbrochen von Vogelstimmen und vom Rauschen des Baches ließ mich bald wieder auf andere Gedanken kommen.

Zweimal fuhr meine Mutter auf Empfehlung des Doktors sogar nach Klagenfurt zu einem bekannten Kinderarzt mit mir, zum Dr. Wurst.

Im Krankenhaus

Im Alter von zirka 8 Jahren attestierte mir der Doktor einen Nabelbruch und wies mich zur Operation in das Krankenhaus ein.
Mit dem Zug fuhren wir, meine Mutter, Tante Else und ich in die Bezirkshauptstadt Spittal an der Drau.
Weil ich sehr aufgeregt war, kaufte meine Tante nach der Ankunft am Bahnhof ein Mickey-Maus Heft, dann ging es gleich ins Krankenhaus.
Zum ersten Mal sah ich geistlichen Nonnen ganz lebensecht und wahrhaftig. Wie eine Gruppe Pinguine kamen sie mir vor mit ihren bodenlangen, schwarzen Kleidern. Eine löste sich aus der Gruppe und ging auf uns zu. Sie war hager, groß und hatte ein gelblich wachsbleiches Gesicht, sah aus wie ein Gespenst!
Wortlos nahm sie der Mutter die Einweisungspapiere aus der Hand, packte mich mit ihren langen krallenartigen Fingern am Oberarm und entschwand mit mir in den verwinkelten Gängen des Hauses.
Gerne hätte ich mich noch einmal umgedreht, um mich von Mutter und Tante zu verabschieden, was Georgia, so hieß die Nonne, aber nicht mehr zuließ. Sie zerrte mich regelrecht hinter ihr her bis wir vor einer weiß lackierten Tür mit der Aufschrift; „Kinderstation" standen.
Georgia griff nach der Schnalle, öffnete die Tür und schob mich dann wortlos über die Schwelle in das Krankenzimmer.
Eine andere, deutlich jüngere Nonne übernahm mich und stellte sich mir als Kinderschwester vor. Sie machte einen sehr freundlichen Eindruck. Im Zimmer standen 10 Betten in zwei Reihen von denen einige wie Vogelkäfige vergittert waren. Zwei davon waren leer.

Am nächsten Morgen sehr zeitig in der Früh brachte man mich in den Operationssaal, legte mich auf den OP-Tisch, schnallte mir mit Ledermanschetten Hände und Beine fest und stülpte mir eine schwarze, fürchterlich stinkende Gummimaske über Mund und Nase. Gasgeruch drang plötzlich durch einen Schlauch in die Maske, versetzte mich in Panik, ich dachte, ich müsste gleich sterben! Zum Glück verlor ich aber schnell das Bewusstsein.

Im Zimmer wachte ich völlig benommen wieder auf und versuchte meine Sinne wieder zu ordnen.
2 Tage lang bekam ich nur ungezuckerten Kamillentee, den war ich schon von Daheim gewohnt und nichts zu essen!
Noch schlimmer aber war das nicht enden wollende Rosenkranzbeten mit der Kinderschwester!
Am dritten Tag bekam ich endlich Besuch, der Bananen mitbrachte. Die verzehrte ich mit Genuss, ja ich verschlang sie regelrecht was mir einige Einläufe wegen Verstopfung einbrachte. Ein fürchterliches Gefühl, wenn man das Gefühl hat, der Bauch würde gleich explodieren!

Das Rosenkranzbeten füllte die Tage aus bis ich wieder heimgehen durfte. Tante Else und Onkel Bernhard holten mich ab, weil Vater und Mutter keine Zeit hatten.
In der Bahnhofsrestauration gab es dann ein kleines Gulasch mit Semmel, dazu eine Himbeer-Soda Limonade, bevor es mit der Eisenbahn wieder durch das Drautal heimzu ging.

Die erste Liebe, eine Zirkusprinzessin

Wenn Vater einmal einen guten Tag hatte, was zwar nicht oft aber doch auch vorkam, kramte er im Münzenfach seiner schwarzen, abgegriffenen Lederbrieftasche und rückte 5 Schilling heraus.
Das war gerade genug, um mich für eine Woche mit Süßigkeiten wie Kaugummi und Stollwerk-Zuckerl einzudecken. Letztere bekam man sogar einzeln und für ein paar Groschen. Schokolade war schon in der höheren Preisklasse angesiedelt. Ein Täfelchen kostete mindestens 1 Schilling! Ich war eine richtige Naschkatze was sich leider negativ auf meine Zähne auswirkte und Zähneputzen war nicht so sehr in Mode.

Nachdem ich die ganze Woche in der Gluthitze bei der Heuarbeit viel Schweiß vergossen hatte, sollte es am Sonntag eine ganz besondere Überraschung für mich geben.
In der Osttiroler Bezirksstadt Lienz gastierte seit einigen Tagen der Zirkus „Williams" aus Deutschland. Da Zirkus meine ganz große Leidenschaft war, gelang es meiner Mutter den Vater zu überreden, mit mir nach Lienz zu fahren. Eine größere Freude hätte man mir nicht machen können!
Daheim hatte ich kleine Plastikfiguren wie Pferde, Kamele, Löwen usw. aus den Kaffeepackungen gesammelt. Diese Figuren waren unter uns Kindern heiß begehrt.
Ich bastelte mir ein kleines Zirkuszelt, bemalte es bunt und stellte mit den Tieren mein eigenes Programm zusammen. Dabei träumte ich oft davon, mit einem Zirkus in der Welt herum zu reisen um fremde Länder und Kulturen kennenzulernen. Also versprach dieser Sonntag ein ganz großer Tag für mich zu werden.

Ich war schon so aufgeregt, dass mir die eigentlich kurze Zugfahrt von Irschen nach Lienz unendlich lang vorkam. Vom Bahnhof war es zu Fuß noch ein gutes Stück und von Weitem sah ich schon die Kuppel des riesigen Sechsmasterzeltes. Dann erreichten wir endlich Zirkusgelände.

Reges Treiben herrschte zwischen den bunten Wägen und um das Zelt. Ganz klar, als Erstes wollten wir in die Tierschau. Man konnte die Löwen zwar noch nicht sehen, hörte aber schon ihr Brüllen. Damals war es noch erlaubt, Raubtiere wie Tiger, Löwen usw. im Zirkus zu halten. Es roch nach Sägemehl und Heu.
Gerade als wir die Eintrittskarten kaufen wollten, trat ein fremder Mann auf uns zu, sprach Vater mit seinem Vornamen an und begrüßte uns. Er war sehr groß und von stattlicher Figur. Sein schwarzes Haar hatte er nach hinten gekämmt und es glänzte in der Sonne. Er trug einen sehr gepflegten, schmalen Oberlippenbart.
Schnell stellte sich heraus, dass es sich um einen ehemaligen Schulfreund meines Vaters handelte. Er war aus dem Nachbardorf und seit ihrer Jugendzeit haben die beiden sich nicht mehr gesehen. Trotzdem erkannten sie sich gleich wieder. So freudig und erregt sah ich meinen Vater selten, denn er tat sich normalerweise schwer, seine Gefühle zu zeigen. Dann die nächste Überraschung!
Der Fremde war Dresseur der Zirkuspferde und trat mit seiner Nummer im Hauptprogramm auf. Vor Staunen bekam ich den Mund fast nicht mehr zu.
Wir bräuchten natürlich keinen Eintritt zu bezahlen, versicherte er uns und wären seine Gäste. Wir sollten uns einfach auf ihn berufen, wenn uns jemand nach den Karten fragen würde. Nach der Vorstellung würde er wieder zu uns stoßen um mit Vater ein Bierchen zu trinken wie er es nannte. Jetzt müsste er aber seinen Auftritt vorbereiten und verschwand im Getümmel.

Ich staunte nicht schlecht, als ich vor den großen Elefanten stand.
In einer langen Reihe angekettet, schwangen sie synchron ihre Köpfe hin und her und streckten die Rüssel nach Futterspenden bettelnd in meine Richtung. Bisher kannte ich diese stolzen und intelligenten Tiere nur von Bildern aus den Büchern.

Irgendwie machten sie einen traurigen Eindruck auf mich. Fast sah es aus, als würden sie weinen? Aus ihren Augen lief eine tränenartige Flüssigkeit.
Bei den Pferden konnte ich mich nicht sattsehen. Sowas von edel in ihrer Haltung. Dieser Anblick war ganz neu für mich. Die schlanken, nach unten gebogenen Hälsen, die mich an einen Schwan erinnerten, wie sie mit den Hufen scharrten. Man sah, dass sie ihr Temperament kaum zügeln konnten. Sie sahen sehr gepflegt aus, ihr gestriegeltes Fell glänzte.

Und dann schwebte ein Wesen wie aus einer anderen Welt an mir vorbei!
Sie war vielleicht zehn oder elf Jahre, trug ein rosafarbenes, enganliegendes Trikot. Weil ihr Schuhband aufgegangen war, blieb sie direkt vor mir stehen und bückte sich um es wieder zuzubinden.
Sie richtete sich wieder auf, sah mir dabei eher zufällig in die Augen und lächelte dabei. Als hätte der Blitz eingeschlagen, so durchbohrte mich ihr Blick!
Ich sah nur mehr sie, dieses zauberhafte Wesen und war wie verhext! Bevor ich mich wieder gefangen hatte, war sie schon wieder verschwunden. Zurück blieb nur der Duft eines himmlisch duftenden Parfüms, der mir fast den Verstand raubte.
Als wir das Hauptzelt betraten, forderte ein Kartenabreißer mit einer Operettenuniform uns auf, ihm zu folgen. Der Pferdedresseur musste ihm schon Anweisungen gegeben haben, er führte uns zu den Logenplätzen ganz vorne an der Manege.

Hinter uns auf einem Balkon spielte eine große Band bekannte Schlagermelodien. Die Saxophone, Trompeten und Posaunen füllten das große Zelt bis unter die Kuppel mit beschwingten Tönen.
Die Lichter wurden gedämpft, mächtiger Trommelwirbel, der etwas übergewichtige Direktor mit Zylinderhut begrüßte das Publikum.

Das Programm begann mit einer Clown-Gruppe. Sie machten einen Unfug nach dem anderen. Die Zuschauer reagierten mit Lachstürmen auf jeden Blödsinn. Daneben bauten Zirkusarbeiter allerlei Geräte auf. Seiltänzer, Jongleure und Zauberkünstler zeigten dann ihr Können.
Zwischen jeder Nummer ging eine leichtbekleidete, schöne Frau mit sehr langen Beinen in der Manege herum, um auf einer Tafel die nächste Nummer anzukündigen.

Dann endlich sprang leichtfüßig meine kleine Zirkusprinzessin in die Manege, schlug ein Rad nach dem anderen, jonglierte mit Reifen und Bällen und ich hatte nur Augen für sie! Es schien, als ob sie keine Knochen hätte und aus Gummi wäre, so verbog sie sich. Ihr Trikot glitzerte und funkelte im Scheinwerferlicht.
Später kam sie nochmal mit der Elefantennummer zurück, saß hoch oben auf dem Größten der Elefanten. Unter großen Applaus führte sie auf dem Rücken des Tieres Kunststücke vor, stand am Kopf mit ausgestreckten Händen ohne herunter zu fallen. Der Elefant legte seinen Rüssel um ihre Hüfte und hob sie hoch ganz in die Luft.

In der Pause wurden die Gitter für die Raubtiernummer aufgebaut.
Dann liefen die Raubkatzen nacheinander durch eine Art Tunnel in die Manege und nahmen ihre Plätze auf vorbereiteten Hockern ein.
Ein ganz in Weiß gekleideter Dompteur ließ die Peitsche knallen, die Löwen und Tiger erwiderten mit dem Fletschen ihrer Zähne.
Bei einem Löwen steckte der Dompteur sogar seinen Kopf in das weit aufgerissene Maul!

Während die Gitter der Raubkatzennummer wieder abgebaut wurden, machte wieder die Clown-Gruppe ihre Späße.

Endlich galoppierten die Pferde mit wehenden Federbüschen auf ihren Köpfen einzeln in die Manege und bildeten eine exakte Reihe in der Mitte. Dreißig stolze Pferde hörten auf die Kommandos des Dresseurs. Der Mann vor uns im eleganten schwarzen Glitter-Trikot ist der Schulfreund meines Vaters. Er breitete die Hände aus, die Pferde stellten sich auf ihre Hinterbeine und strampelten mit den Vorderhufen in der Luft, was für ein Anblick. Sie tanzten sogar zur Melodie des Donauwalzers.

Nach der Vorstellung trafen wir den Mann am Ausgang, wo er schon auf uns gewartet hatte. Am Ausschank spendierte Vater mir eine Flasche Cola.
Die beiden stießen mit einem Bier auf ihr Wiedersehen an, während ich von der kleinen Zirkusprinzessin träumte. Leider ist sie nicht mehr aufgetaucht.

Mein erster Kinobesuch oder als die Bilder zu laufen begannen

Lange bevor das erste Schwarz-Weiß TV-Gerät in unseren Haushalt Einzug hielt, kannte ich Spielfilme mit bewegten Bildern nicht, bis eines Nachmittags im Sommer 1957 ein entfernt Verwandter bei uns aufkreuzte und schwarze geheimnisvolle Koffer ins Haus schleppte.
Mutter trug alle Wolldecken im Haus zusammen, damit wurden die Küchenfenster verdunkelt. Ich hatte keinen Schimmer, was das Ganze zu bedeuten hatte?
Seitlich an der Wand wurde ein weißes Betttuch aufgehängt, die Spannung stieg fast ins Unerträgliche.
Dann rückte der Gast den Küchentisch in die Mitte des Raumes, stellte noch einen Stuhl auf diesen und platzierte einen seltsamen Apparat mit zwei großen Spulen oben drauf.
Gespannt verfolgte ich das Treiben mit einigen weiteren Hausbewohnern und Nachbarn die herbeigeeilt waren.

Dann ging ein Lichtstrahl mitten durch die verdunkelte Küche und traf genau auf das weiße Leintuch an der gegenüberliegenden Wand.
Ein helles, scharf abgegrenztes Rechteck erschien, Zahlen, Buchstaben tauchten kurz auf, verschwanden wieder und plötzlich liefen Menschen einfach durch das Bild!
Der Apparat mit den zwei sich drehenden Spulen schnurrte wie eine satte, zufrieden Katze, dann tauchte ein komischer Kerl mit viel zu großer Hose im Bild auf.
Er watschelte wie eine Ente auf einer verschneiten Bergstraße dahin, ein schwarzer Bär folgte ihm.

Während wir fasziniert auf die Leinwand starrten, wurden wir vom Filmvorführer aufgeklärt. Der komische Kerl wäre Charlie Chaplin in;

„Goldrausch in Alaska" und es sollte mein allererster Film sein, den ich zu sehen bekam.

In der Nachbargemeinde Dellach gab es zwar schon ein Ton-Kino, welches ich aber nur von den Erzählungen der Erwachsenen kannte.
Es musste aber noch gut ein Jahr vergehen, bis mich zum ersten Mal „Katl" aus Simmerlach ins Kino nach Dellach mitgenommen hat.
Sie war eine gute Haut, wie man solche Frauen nannte.
Sie half bei uns am Hof hin und wieder aus. Ihr Mann, der Peter war Vorarbeiter an Großvaters Sägewerk. Er hatte Stalingrad überlebt und kehrte als menschliches Wrack von dort zurück. Er war in der ganzen Gegend dafür bekannt, dass er Hundefleisch aß.
Wenn jemand seinen Hund aus immer welchen Gründen loswerden wollte, war er bei ihm an der richtigen Adresse. Nachdem er das bedauernswerte Tier mit einem Schlag auf den Kopf betäubt hatte, schnitt er ihm die Kehle durch. An den Hinterbeinen aufgehängt, ließ er es ausbluten und zog dann die Haut ab. Die Felle verarbeitete er zu Bettvorlegern.
Auch Großvater besaß einige Exemplare, welche vorher als seine Jagdhunde ein eher kurzes Leben hatten. Er wechselte diese relativ oft, wenn sie nicht zu seiner Zufriedenheit ihre Pflicht erfüllten.
Großmutter ärgerte sich jedes Mal sehr darüber. Kaum hatte sie sich an einen Hund gewöhnt, weil sie die Fütterung überhatte, fand er durch eine Kugel aus Großvaters Jagdgewehr wieder sein Ende mit der Begründung, dass er als Jagdhund unbrauchbar war.

Der Sagschneider Peter L. bewahrte das Fleisch in Einmachgläser auf. Er rauchte filterlose Austria-3 Zigaretten aus der flachen grünen Packung. Aus Spargründen brach er sie sorgfältig mit seinen nikotingelben Fingern in der Mitte durch und rauchte jeweils eine Hälfte, nachdem er sie mit seinem Benzinfeuerzeug entzündet hatte.

Es war schon sehr dunkel als ich mit der „Katl" ins Kino aufbrach.
Bei meinem Fahrrad funktionierte das Licht nicht, deshalb fuhr ich hinter ihr. Auf der zirka 4km langen Strecke begegneten uns nur sehr wenige Autos.
Vor dem Kino angekommen, wurden zuerst die Räder an der Seitenwand angelehnt, dann ging es hinein.
Sie hatte das Geld und kaufte die Eintrittskarten an der Kasse.
Im Vorraum saß die Frau des Kinobesitzers hinter einer Glasscheibe und verkaufte Süßigkeiten. „Katl" spendierte mir eine Packung Blockmalz-Zuckerln, dann stand ich zum ersten Mal im Leben in einem richtigen Kinosaal.
Ich war so sehr beeindruckt, dass ich aus dem Staunen nicht mehr herauskam. Unsere Plätze waren ganz vorne in der ersten Reihe. Sie wollte mir weismachen, dass man von da aus besser sieht und das Bild größer wäre. In Wahrheit waren das die billigsten Plätze und wir sparten Geld.

Schon allein von der; „Tönenden Wochenschau" konnte ich nicht genug bekommen. Die Werbeeinschaltungen einiger heimischer Betriebe mit den verwackelten Dias hätte man sich aber sparen können.
Aber dann begann der Hauptfilm; „Immer, wenn es schneit!" mit Toni Sailer und der ganze Film in Farbe!
Bei der nächtlichen Heimfahrt im strömenden Regen, verflog meine Begeisterung für das Schifahren aber schnell wieder. Völlig durchnässt kam ich zu Hause an.

Der Schirmflicker

Im Spätsommer kam ein kleinwüchsiger, hinkender Mann mit Klump-Fuß auf den Hof. Sein Alter war nur schwer einschätzbar, man konnte es ihm deutlich ansehen, dass es das Leben nicht immer gut mit ihm gemeint hatte.
Er zog einen kleinen, vollbepackten Leiterwagen hinter sich her und wurde von einem halben Dutzend Mischlingshunden begleitet.
Gewöhnlich tauchte er um die Abendzeit auf, war sehr wortkarg, immer mürrisch gelaunt, dafür wird er wohl gute Gründe gehabt haben.
Großmutter wies ihm ein Quartier im Nebengebäude zu, wo er sich für zwei bis drei Tage dann aufhielt.
Er war handwerklich sehr geschickt. Es gab keinen noch so kaputten Schirm, den er nicht reparieren konnte. Löcher wurden geflickt, kaputte Speichen erneuert und wenn erforderlich auch der Griff ausgetauscht.

Normalerweise wimmelte es zwar nur so vor Ratten in dem Raum wo er sich aufhielt, weil es in einiger Entfernung eine aufgelassene Schottergrube mit einer wilden Mülldeponie gab. Manchmal machte ich mir den Spaß und öffnete die Tür spät abends, um mit einer Taschenlampe hinein zu leuchten, worauf die Ratten in alle Richtungen davonsprangen!
Einmal landete eine Ratte direkt auf meiner Brust, krallte sich dort fest und ist wohl genauso erschrocken wie ich.

Für die Dauer seines Aufenthaltes hielten seine Hunde aber die Ratten fern. Wie der Schirmflicker da übernachten konnte, war mir rätselhaft. Es stank penetrant nach Kot und Urin der quietschenden und pfeifenden Vierbeiner mit den langen Schwänzen.

Frische Milch und etwas Schwarzbrot holte er sich in der Küche.
Großmutter gab auch gerne ein Stück Speck dazu, welches er jedoch an die Hunde verfütterte.
Der Schirmflicker war mir immer etwas unheimlich. Er sprach mit seinen Hunden, als wäre es seine Kinder.
Woher er kam, wer er war, wusste niemand so richtig und wollte wohl auch keiner wissen. Nachdem er mit der Arbeit fertig war, zog er wieder weiter ins nächste Dorf.
Seinen ganzen Besitz führte er gut verpackt unter einer wetterfesten Plane auf seinem Handwagen mit.
Einer der Hunde hatte das Privileg auf dem Wagen sitzen zu dürfen.

Wenn Krücken tief fliegen, sollte man vorsichtig sein

An Zeitungen im Haus gab es nur die „Wochenschau" ein wöchentlich erscheinendes Magazin ohne aktuelle Meldungen und ohne Politik, dafür aber mit einer Kinderbeilage, welche sich „Dingi" nannte.
Dann gab es noch die monatlich erscheinende Kärntner Bauernzeitung, die hauptsächlich ihren Zweck als Klopapier erfüllte.
Selten aber doch erhielt ich eine Ausgabe von „Wunder-Welt", eine bunte Kinderzeitung mit schönen Geschichten und Bastelbögen.
Sogar ein Mickey Maus oder Fix und Foxi Heft verirrte sich hin und wieder in die Einöde auf der Schattseite und erhellte meinen dahindümpelnden Alltag.
Mutter brachte manchmal vom Einkaufen in Oberdrauburg aus der Trafik Illustrierte mit Strickanleitungen und Schnittbögen mit. Hauptsächlich im Winter verbrachte sie täglich mehrere Stunden hinter ihrer heißgeliebten Strickmaschine und versorgte die ganze Familie und darüber hinaus Verwandte mit Pullovern und Jacken.

Einmal geriet mir eine Illustrierte in die Hände. Darin war ein Bericht über das KZ-Auschwitz mit mehreren Schwarz-Weiß Fotos.
Auf den Bildern sah man Berge von ausgemergelten Leichen.
Sie waren nur noch Haut und Knochen! Es fiel mir sehr schwer, diese Bilder zu realisieren. Die Bildunterschriften warfen Fragen in mir auf! Kaltes Schaudern erfasste mich. Ich kam nun in einer Wirklichkeit an, die mich fortan bis in meine kindlichen Träume verfolgten sollte.

Großvater saß hinter dem großen Tisch auf seinem Platz in der Küche und löffelte Brotstücke aus einer Schüssel Kaffee.
Das war so üblich zum Abendessen, dass man das hart gewordene Schwarzbrot in Milch oder Milchkaffee einbrockte. Das war für mich der geeignete Moment, ihn mit den Fotos in der Zeitung zu konfrontieren. Er sprach ja immer nur gut über Hitler und duldete nicht, dass man ihn überhaupt kritisierte. Seine Überzeugung war durch nichts zu erschüttern. Zu seinen Lieblingssätzen gehörte;
Das hätte es beim Hitler nicht gegeben!
Der hat schon für Ordnung gesorgt usw.
Die Texte zu den grauslichen Bildern sprachen aber eine völlig andere Sprache und beschrieben diesen Hitler als Massenmörder.
Ich legte die aufgeschlagene Zeitung direkt vor ihm auf den Tisch.
Nachdem er sich die Brille aufsetzte und einen kurzen Blick darauf geworfen hatte, warf er die Zeitung im weiten Bogen durch die Küche.
Es trat der äußerst seltene Fall ein, Großvater sprach zu mir.
Das ist alles nur amerikanische Lügenpropaganda und es würde sich um Bombenopfer handeln, die man zusammengetragen hat, um Hitler die Schuld dafür in die Schuhe zu schieben, schimpfte er lautstark!
In seinen Mundwinkel bildete sich weißlicher Schaum, das Gesicht lief dunkelrot an und er rang nach Luft. Ausgerechnet ein Rotzbub wie ich wagtes, seinen geliebten Führer in Frage zu stellen.

Endlich fühlte ich einmal eine gewisse Überlegenheit ihm gegenüber und wies noch einmal darauf hin, dass es sich um Opfer aus dem KZ-Auschwitz handeln würde, die von den Nazis ermordet wurden. Dass er auch ein Nazi war, wusste ich längst.
Großvater legte den Löffel beiseite, warf mir über den Brillenrand hinweg einen wütenden Blick zu und ich ahnte nichts Gutes.
Noch während ich mich umdrehte, ihm den Rücken zuwandte, hörte ich, wie er mit einem Ruck den schweren Tisch beiseiteschob und dann flog schon die erste Krücke knapp an mir vorbei, verfehlte mich aber.

Gleich darauf folgte schon die Zweite, auch sie verfehlte ihr Ziel.
Jetzt war die Gefahr vorbei, weil er beide Wurfgeschosse schon verbraucht hatte. Ich drehte mich um und sah wie er sich mit beiden Händen am Tisch festhielt, um nicht das Gleichgewicht zu verlieren.
Da tat er mir fast schon leid, weil die Wut in seinem Gesicht sich in Verzweiflung umgewandelt hatte.
Ohne seine Krücken war er hilflos und ging nun dazu über, mir die schlimmsten Schimpfwörter und Verfluchungen an den Kopf zu werfen! Trotzdem verstand ich nicht warum er so reagierte?

Die düstere Vergangenheit meiner Familie sollte für mich tabu bleiben und mir war klar, mit Fragen würde ich nicht weiterkommen.
Eine Leidenschaft von mir war es, im Haus herumzustöbern, wenn ich sicher war, dass ich nicht dabei überrascht werden konnte. Nichts tat ich lieber! An mir ist wohl ein Archäologe verloren gegangen?
Eine zufällige Entdeckung im Haus beantwortete eine ganze Reihe von Fragen, warf aber gleichzeitig noch mehr neue auf.
Neben den Schlafzimmern der Eltern und Großeltern bevorzugte ich Räume, die mir etwas geheimnisvoll vorkamen. Da gab es im ersten Stock eine Vorratskammer, die hatte es mir besonders angetan. Sie war sehr dunkel, weil das einzige Fenster bis zu zwei Drittel mit einer Holzverkleidung verdeckt war und so fast kein Licht von draußen eindringen konnte. Von der Decke baumelte eine schwache Glühbirne. Es roch nach getrockneten Äpfelspalten, gedörrten Birnen, Mäusedreck, alten Zeitungen und anderen undefinierbaren Gerüchen. In großen Korbflaschen wurde hausgebrannter Obstschnaps aufbewahrt. Eine kupferne Schnapsbrennanlage stand neben anderen Gebrauchsgegenständen in einem Regal.
Einen Großteil der Kammer nahm ein Kornkasten ein, in dessen Unterteilungen Weizen, Hafer, Mais usw. aufbewahrt wurden.
Das Getreide wurde nach Öffnen des schweren Holzdeckels von oben eingefüllt und unten an der Vorderseite durch ein Schiebetürchen wieder entnommen.

Der Getreidekasten diente mir auch einige Male als Versteck vor meinem Vater, wenn ich etwas angestellt hatte. Hier suchte er mich nämlich nicht und ich verbrachte manchmal Stunden in dem finstern Verlies. Der intensive Duft vom Getreide wirkte einschläfernd. Aber die Angst vor den Schlägen war größer als die Qual im Getreidekasten zu verharren. Wie lange ich darin schlief kann ich nicht sagen, Hunger und Kälte zwangen mich zum Verlassen meines Versteckes, obwohl ich genau wusste, was mich erwarten würde.

Sogleich danach, wenn ich mit schlotternden Knien die Küche betrat, stand Vater wortlos auf, ging in den Stall und kam mit einem dicken Haselstecken wieder zurück. Der war zwar für die Kühe bestimmt, sollte aber auch zu meiner Bestrafung Anwendung finden.
Dann sausten schon die Schläge mit großer Wucht auf mich nieder!
Obwohl ich schon längst am Bretterboden der Küche kniete und meine Hände schützend über meinem Kopf hielt, schlug er immer weiter auf mich ein.
Mutter und Großmutter mussten wieder gemeinsam eingriffen, weil sie der Meinung waren, es wäre genug. Mit einiger Kraftanstrengung zerrten sie ihn von mir weg und entrissen ihm den Stock.
Daraufhin verließ er wortlos das Haus und fuhr mit dem Traktor weg.
Mutter meinte, dass der Krieg schuld daran wäre und ihn so gemacht hätte wie er ist. Es würde ihm ja selber leidtun. Was konnte ich dafür, dass mein Vater im Krieg war?
Am nächsten Tag, wenn ich die Küche betrat, saß er wie immer Zigaretten rauchend mit einer Tasse schwarzen ungezuckerten Kaffee auf seinem Platz hinter den Herd, sah mich an, brachte aber kein Wort über seine Lippen obwohl er es vielleicht gerne wollte?
Über viele Tage hatte ich Striemen am Rücken, an den Armen und Beinen, konnte in der Schule fast nicht sitzen.

Das Geheimnis in der Getreide-Kammer

Warum mich diese düstere Vorratskammer immer wieder wie magisch anzog, wusste ich nicht, vielleicht weil sie ein dunkles Geheimnis barg?
So kam es, dass ich einmal einen Blick unter den Getreidekasten warf.
Im Schein der Taschenlampe, ganz hinten entdeckte ich etwas Dunkelgrünes, was wie ein hölzerner Reisekoffer aussah.
Beim Herausziehen hüllte mich eine Staubwolke ein, verschlug mir fast den Atem. Das Ding lag wohl schon sehr lange da im hintersten Winkel versteckt? Er war ganz schön schwer und mit einem Vorhängeschloss gesichert, was aber nicht wirklich ein Problem für mich war.
Mit einem Schraubenzieher und Hammer knackte ich das verrostete Schloss.   Meine Neugier war so groß, dass ich gar nicht daran dachte, etwas Verbotenes zu tun und dass es entsprechende Konsequenzen haben könnte.
Ich öffnete ungeduldig den Deckel, ein Duftschwall von altem Papier und Kleidungsstücken schlug mir entgegen. Seltsame Sachen kamen zum Vorschein.
Uniformteile, Lederriemen, ein halbes Dutzend Parteibücher, eine Armbinde mit Hackenkreuz, ein Buch mit dem Titel; „Mein Kampf", einige Orden, Parteiabzeichen, Bildbände mit Schwarz-Weiß Fotos vom Reichsparteitag in Nürnberg, Briefe, Postkarten sowie einige ungerahmte Porträtbilder des Führers.
Was dieser muffige Fund bedeuten sollte, war mir nicht ganz klar, aber mir war klar, sie sollten nicht gefunden werden.

Die Sachen wurden deshalb nur versteckt und nicht vernichtet, weil man hoffte, sie eines Tages wieder verwenden zu können. Man konnte und wollte sich nicht davon trennen? Hoffte man auf die Rückkehr Hitlers?

Gleich nach Kriegsende 1945 wurde Kärnten und somit unser Drautal von den englischen Siegermächten besetzt.
In Wahrheit aber war es von den Briten befreit worden, was von großen Teilen der Bevölkerung aber nicht so gesehen wurde. Zu denen die sich darüber nicht besonders gefreut haben, zählte wohl auch meine Familie sowie ein Teil meiner Verwandtschaft. Großvater musste eine satte Geldstrafe zahlen, um „Entnazifiziert" zu werden, wie man es nannte. In aller Eile kratze man schnell die beiden Hackenkreuze von der Hauswand und ließ die Fahne verschwinden! Auch auf der Alm wurden von den Fensterläden der beiden Hütten die Symbole des tausendjährigen Reiches entfernt.
Wenn die Engländer gewusst hätten, dass Großvater auf seiner Almhütte nach Kriegsende gesuchten Naziverbrechern Unterschlupf gewährte, wäre er um eine Arrest Strafe wohl nicht herumgekommen. Er half aber auch Leuten unterzutauchen, welche vor 1945 von den Nationalsozialisten verfolgt wurden.

Er ließ es sich nicht nehmen, zum Reichsparteitag nach Nürnberg zu reisen, was schon etwas ganz Besonderes für einen Bauern aus unserer Gegend war.
Mutter war begeistertes Mitglied beim BDM; „Bund Deutscher Mädels". Großmutter feierte alljährlich am 20.April mit einer Torte und Blumen am Balkon des Hauses Hitlers Geburtstag.
Das wurde natürlich alles fotografisch dokumentiert und die Fotoalben wurden an einem sichern Ort im Haus aufbewahrt. Meine Mutter besaß damals schon eine nicht gerade billige Fotokamera.

Ihr einziger Bruder war um 7 Jahre älter als sie. Er wurde zur Wehrmacht eingezogen und nahm an den Kampfhandlungen in Polen, Ukraine, Norwegen, Kreta und Russland teil.
Bevor er bei Kriegsende in russische Gefangenschaft geriet, nahm er an der Blockade der Deutschen von Leningrad teil. Er war Funker und hatte eine mobile Fernmeldestation zu betreuen.

Die Blockade dauerte vom 8.September 1941 bis zum 27. Jänner 1944! Über eine Million zivile Bewohner von Leningrad starben in der Stadt qualvoll an Hunger, Krankheiten und Seuchen, weil niemand heraus oder hinein kam! Die Eingeschlossenen waren zu Kannibalismus gezwungen, mussten Menschenfleisch essen um nicht zu verhungern, weil die Deutschen jahrelang einen eisernen Ring um die Stadt gezogen haben!
Als sich dann aber das Kriegsgeschick zu wenden begann, bekam mein Onkel den Befehl, die Fernmeldestation abzubauen. Während seine Kameraden sich rechtzeitig absetzten konnten, fiel er den Russen in die Hände, weil er dem Befehl eines Vorgesetzten gehorchte, der selbst aber schon längst das Weite gesucht hatte.
Im Lager erfuhren die Gefangenen nun selbst, was sie der russischen Bevölkerung angetan haben. Sie sammelten nachts angefaulte gefrorene Kohlblätter von abgeernteten Äckern der Russen, um nicht zu verhungern. Am 12. Jänner 1946 schrieb er aus der Gefangenschaft eine Feldpostkarte an seine junge Frau mit folgendem Text nach Hause in Kärnten;

Meine liebe Erna!
Ich bin gesund und es geht mir gut, was ich auch von Euch, so wie von Heidrun, Vater, Mutter und allen anderen daheim erwarte. Meine Gedanken sind immer bei Euch und ich mache mir oft Sorgen wie es Euch wohl geht. Hoffentlich gibt es doch bald ein freudiges Wiedersehen. Viele tausend Grüße und Küsse sendet Dir und allen anderen,
  Dein Siegfried   *(Absender; Rotes Kreuz, Moskau)*

Wie schlecht es ihm aber wirklich ging, konnte und durfte er natürlich wegen der Zensur nicht schreiben. Er war inzwischen schon schwer erkrankt.

Unweit des Lagers waren die Russen dabei, als Kriegsbeute geraubte Maschinen aufzustellen, dabei gab es aber Probleme. Mein Onkel war technisch sehr begabt und half den Russen. So gelang es ihm, dass er eine Textilwebemaschine reparieren konnte und diese wieder funktionstüchtig machte, was ihm einige Privilegien im Lager brachte. Ein russischer Arzt setzte sich für ihn ein und er wurde vorzeitig, aber bereits todkrank entlassen.
Mit einem Transport kam er in Wiener Neustadt an und trat von dort die Heimreise ins Kärntner Drautal nach Irschen an.

Am 9.September 1947 starb er an Bauchtyphus nach monatelangem qualvollem Leiden im Krankenhaus Lienz in Osttirol.
Es gab kurz nach dem Krieg weder Schmerzmittel noch Penicillin.
Daran zerbrach mein Großvater und war von da an nicht mehr der, der er vorher war, was ihn aber nicht daran hinderte, weiterhin an Hitler zu glauben. Er sah den Verlust des einzigen Sohnes sogar als Opfer, welches er dem Führer brachte.

Hilde, die ältere Schwester meiner Mutter machte eine gute Partie und heiratete vor dem Krieg nach Thüringen in Deutschland. Ihr Mann Fritz besaß einen großen Gasthof mit eigener Metzgerei.
Im Schlafzimmer meiner Großeltern hingen zwei Bilder von den beiden. Darauf war Fritz, der Schwiegersohn in der Uniform eines SS-Untersturmführers zu sehen.
Onkel Fritz, wie ich ihn nannte, hatte zwei Schwestern, deren Ehemänner ebenfalls hohe SS-Ränge bekleideten. Es gelang ihnen bei Kriegsende über die sogenannte Rattenlinie mit Unterstützung des Vatikans per Schiff von Genua aus die Flucht nach Argentinien.

Dort verbrachten sie unbehelligt mit vielen weiteren Naziverbrechern in der Stadt Cordoba ein beschauliches Leben und bauten sich neue Existenzen auf.

Ganz ungeniert reisten sie alle zwei bis drei Jahre unter ihrem richtigen Namen aber mit argentinischen Pässen nach Deutschland und Österreich, um Verwandte zu besuchen und Urlaub zu machen.

Meistens verbrachten sie dann auch einige Tage bei uns am Hof und man hielt im häuslichen Rahmen fröhliche Heimatabende ab.

Der ehemalige SS-Mann Robert spielte flott mit dem Akkordeon meiner Mutter auf, alle sangen dazu deutsche Volkslieder und es herrschte eine ausgelassene Stimmung.

Ich hatte natürlich keine Ahnung, wer die lieben Verwandten wirklich waren und freute mich jedes Mal über ihren Besuch. Es kam auch oft Post aus Argentinien. Ich sammelte die wunderschönen Briefmarken, auf die ich mächtig stolz war.

Der Inhalt des alten Reisekoffers wurde zur Offenbarung für mich, obwohl ich zuerst nur wenig damit anfangen konnte. Ich erzählte niemanden etwas von meiner Entdeckung, weil ich Angst vor einer Bestrafung hatte.

Hinter einer Natursteinwand versteckt gab es am Hof auch einen kleinen geheimen Raum von zirka vier Quadratmeter den mir Großmutter einmal zeigte. Er war versperrt und es war mir nicht möglich, noch ein zweites Mal einen Blick hinein zu werfen.

Meine Neugierde war unbeschreiblich und zu gerne hätte ich die darin gestapelten Kisten nach ihrem Inhalt untersucht. Den Schlüssel hatte Großmutter aber gut versteckt. Nach Auskunft von ihr sollen angeblich darin Waffen, Handgranaten, Munition usw. aufbewahrt liegen. Deutsche Soldaten hätten am Rückzug bei Kriegsende die Sachen da versteckt, um sie später wieder abzuholen, wozu es aber nicht mehr kam. Ich musste ihr hoch und heilig versprechen, dass ich niemanden davon etwas erzählen würde. Jahre später ließ sie das Versteck zumauern und es geriet in Vergessenheit.

Der Kosakenbub

Bei einem Nachbarn wurde im Juni 1945, also kurz nach Kriegsende, ein kleines Kind aufgenommen. Die Eltern waren Kosaken aus dem Kaukasus und wurden von der englischen Besatzung mit Tausenden weiteren Volksgenossen an die Sowjetische Armee ausgeliefert, obwohl der Krieg offiziell schon vorbei war.
Über Norditalien sind die Kosaken mit ihren Familien zusammen nach Osttirol und Oberkärnten gekommen, wo dann für sie Endstation war.

Bei der Konferenz auf Jalta forderte Stalin von den Briten die Auslieferung. Die Kosaken waren in Stalins Augen Verräter, weil sie an der Seite Hitlers gekämpft hatten und den Kommunismus strickt ablehnten.
Sie wussten, was sie erwartet, wenn man sie den Russen übergeben würde. Es spielten sich tragische Szenen ab, als die Engländer sie zusammentrieben, um sie in Viehwaggons zu verladen.
Die Drau führte in diesen Tagen Hochwasser. Viele Mütter sprangen mit ihren Kindern im Arm in die reißenden Fluten, wo sie ertranken.
Nur einer Handvoll gelang die Flucht in die umliegenden Berge.
Einige Mütter legten ihre Babys in aller Eile auf die Türschwellen von Bauernhäusern in der Hoffnung, dass sie von großherzigen Menschen aufgenommen würden, bevor man sie selbst gefangen nahm und gewaltsam verschleppte.
In den Viehwaggons transportierte man die Kosaken in die Steiermark, übergab sie den Russen wo man sie zum Teil schon beim Verlassen der Waggons erschoss!

Die Überlebenden deportiere man in Straflager nach Sibirien, wo sie durch schwerste Arbeit in Bergwerken umkamen. Der Krieg war schon vorbei, jedoch stoppte niemand dieses Verbrechen der Siegermächte. An der B100 in Irschen erinnert noch ein Mahnmal an diesen Völkermord, der nie angeklagt wurde! Das Gegenteil war der Fall, die englischen Offiziere wurden in ihrer Heimat mit Orden hoch dekoriert.

Man zog den kleinen Kosakenbub auf, versklavte ihn und machten einen Knecht aus ihm. Für seinen Lebensunterhalt musste er schon als Kind sehr schwer arbeiten. Wenn wir Kinder versuchten, mit ihm zu spielen, schaffte man ihm sofort eine Arbeit an und hielt ihn so von uns fern. Wenn er nicht gleich gehorchte, wurde er vom Ziehvater hinterm Haus mit einem Ochsenziem verdroschen.

Erst nachdem er eine Maurerlehre mit Erfolg abgeschlossen hatte, gelang ihm der Weg in die Freiheit und in ein eigenständiges Leben.

Tante Regina

Meine Mutter hatte eine Jugendfreundin in Steinfeld im gleichen Alter, sie stand in sehr engem Kontakt mit ihr und für mich war sie die Tante Regina. Sie kam öfters zu uns auf Besuch und ich fand sie ganz besonders nett, weil sie sich viel Zeit für mich nahm was mir sehr guttat. Sie hatte eine sehr ruhige und angenehme Stimme.

Was ich in meiner kindlichen Naivität aber nicht wissen konnte, sie litt schwer an Depressionen. Mir fiel auf, dass sie oft lange Zeit nur so ins Leere starrte, kein Wort sprach und dann urplötzlich wieder redete als ob nichts wäre.
Besonders gerne hielt sie sich im Garten, den meine Mutter pflegte, auf. Sie liebte die Blütenpracht der Blumen, strich mit der Hand sanft über die Blüten und sprach sogar mit ihnen.
Manchmal blieb sie mehrere Tage, fühlte sich sichtlich wohl während ihres Aufenthaltes auf unserem Hof und blühte richtig auf.

Was ich auch nicht wissen konnte, weil man ja mit einem dummen Buben nicht über solche Dinge redete: Ihr Mann war schwerer Alkoholiker, hatte Frauengeschichten und schlug sie immer wieder.
Dabei war sie so eine zarte, zerbrechliche Person.

Auf der Gartenbank neben der Bienenhütte unterm Zwetschenbaum saß ich oft sehr lange mit ihr zusammen und genoss ihre Gesellschaft. Sie erzählte erfundene Geschichten, lernte mir Kinderlieder und erklärte mir viele Dinge in der Natur um uns herum.

Diese Blume heißt so, das ist dieser Käfer oder Schmetterling, das ist der Gesang eines Buchfinken usw.

Eines Tages fand ich Mutter am Küchentisch mit Tränen in den Augen vor, sie hielt einen Briefbogen und ihre Hände zitterten.
Der Brief war in bildschöner Handschrift mit blauer Tinte verfasst.

Es war ein Abschiedsbrief von Tante Regina ...

Sie hatte ihn noch kurz davor geschrieben, bevor sie in die eiskalten Fluten der Drau sprang und sich das Leben nahm.

Der Gendarm Josef K

Da wo jetzt die B100 durch die Marktgemeinde Oberdrauburg verläuft, befand sich bis in die 60erJahre das Flussbett der Drau. Die alte B100 verlief mitten durch den Ortskern. Zwischen dem damaligen ADEG-Kaufhaus Manhart und dem Gasthof Pontiller bog die Straße rechtswinkelig in Richtung Süden nach Italien ab.

Auf Grund des immer stärker wachsenden, vorwiegend deutschen Urlauberverkehrs im Hochsommer entwickelte sich diese Stelle zum Nadelöhr und es kam hauptsächlich wegen der Wohnwagenanhänger zu Staus. Die Abzweigung nach Italien war deshalb so eng, weil sie noch zur Zeit der Pferdefuhrwerke angelegt wurde und für diese, das Auslangen fand.
Eine Verkehrsampel wäre völlig sinnlos gewesen, und so kam der Gendarmerie Inspektor Josef K. vom nur wenige Meter entfernen Wachzimmer zum Einsatz. Mit weißen Handschuhen regelte er souverän den Verkehr.
In den Blumenkästen hinter den roten Geranien am Fenster des Gasthofes Pontiller hinter ihm deponierte die Kellnerin extra für den Sepp ein Fläschchen, gefüllt mit Obstler, welches er zwischendurch leerte, damit es wieder aufgefüllt werden konnte.
Er regelte den Verkehr brav weiter, begann aber leicht zu schwanken, bis er zwischen den Fahrzeugen zu tänzerischen Bewegungen überging um dann endlich von einem Kollegen abgelöst zu werden.

Am Gasthof Pontiller kam auch mein Vater nie vorbei und parkte seinen Traktor Steyer 180a direkt vor dem Eingang.
Am Stammtisch trafen sich fast ausschließlich nur die Jäger und Fischer zum Kartenspielen.
Zu vorgerückte Stunde kletterte Vater wieder auf den Traktor, um den Heimweg anzutreten. Das blieb aber nicht unbemerkt, weil er vom Wachzimmer aus von Josef K. dabei beobachtet wurde. Der eilte gleich auf die Straße und sprang von hinten auf die Hydraulikschiene des Traktors, während Vater ohne sich nur einmal umzusehen losfuhr.
Daheim angekommen staunte er nicht schlecht, als er den Hüter des Gesetzes hinter sich erblickte. Dieser beruhigte ihn aber und versicherte, dass es ihm darum ging ihn zu begleiten, damit er unterwegs nicht in eine Verkehrskontrolle geraten würde, weil er ja nicht mehr ganz nüchtern wäre. Also ein echter Freund und Helfer!

Bevor der Sepp zu Fuß wieder den Heimweg durch den Wald südseitig der Drau antrat, wurde er mit einer ordentlichen Speckjause entschädigt, wobei auch einige Hausgebrannte nicht fehlen durften.

Der Herr Inspektor verbrachte auch jedes Jahr einmal mit seiner Familie seinen Urlaub auf unserer Almhütte und hackte als Gegenleistung Berge von Brennholz.
Dabei lernte ich ihn als geselligen Kumpel kennen, wenn er seine Räubergeschichten erzählte. Diese beruhten jedoch auf wahren Begebenheiten.
Der Sepp hatte das Herz am rechten Fleck und brachte sich in der NS-Zeit ein paarmal selbst in große Gefahr, wenn er Deserteure suchen und festnehmen musste.
Es war nicht ganz ungefährlich, wenn er auf abgelegenen Bergbauernhöfen am Heuboden fündig wurde. Es konnte vorkommen, dass ein Fahnenflüchtiger auch noch bewaffnet war.

Hatte er einen festgenommen, führte er den armen Teufel ab und sperrte ihn in eine Zelle im Keller des Postens.

Dem Gefangenem drohte am nächsten Tag die Überstellung in die Bezirkshauptstadt Spittal, wo er dann der Gestapo übergeben werden sollte, was sein sicheres Todesurteil bedeutete!

Mit einem Schmunzeln verriet er, dass er vergaß die Zellentüre abzuschließen und so dem Häftling die Flucht ermöglichte.
Das war unglaublich mutig von ihm, es hätte ihm selbst Kopf und Kragen kosten können.

So war der Sepp für mich ein Held!

Der Bahnwärter in Frauenkleidern

Mit einem halben Laib Brot und einem Stück Speck in Zeitungspapier gewickelt, schickte mich Mutter zum Bahnwärter, der in einem kleinen Steinhäuschen an der Haltestelle in Irschen mit der Familie und zwei Ziegen wohnte um mir die Haare zu schneiden.

Zwischen den Zügen war genug Zeit für einen Haarschnitt.
Nachdem er mir eine blaukarierte Tischdecke umgehängt hatte, legte er seine Arbeitsgeräte auf einem Tischchen bereit und begann mit der Arbeit. Aus seiner Küche bekam ich einen Topf aufgesetzt und die Haare die hervorschauten, schnipselte er mit einer Schere einfach ab. Wenn er dann damit fertig war, nahm er eine noch händisch betriebene Haarschneidemaschine zur Hand und fing an, mir einen Haarschnitt zu verpassen, wie ihn die Soldaten auf den Fotos der Gedenktafel am Friedhof hatten.
Dabei zupfte die Haarschneidemaschine ganz fürchterlich und riss mir einzelne Haare aus. Ich biss die Zähne zusammen und ließ mir nichts anmerken.
Zwischendurch lief er öfters in den Dienstraum der Zughaltestelle um Fahrkarten zu verkaufen.

Die Ziegen des Bahnwärters ließen sich nur von seiner Frau melken und waren sehr eigenwillig.

Diese musste aber einmal für einige Tage ins Spital zu einer Untersuchung, so musste der gute Mann die störrischen Ziegen überlisten, wenn sie zu melken war.
Er zog ganz einfach die Kleider seiner Frau an!
So passierte es dann, dass er einmal keine Zeit mehr dazu hatte sich umzuziehen, weil sich ein Zug näherte.
Der Lokführer, der Schaffner und die Zugreisenden staunten nicht schlecht, als sie den Mann in Frauenkleidern mit der Trillerpfeife und Eisenbahnermütze am Bahndamm stehen sahen.

Mit der Zeit wurde ich dann doch etwas anspruchsvoller und modebewusster, was meinen Haarschnitt betraf und ich durfte den Frisör in Oberdrauburg in der Marktstraße aufsuchen.
Da konnte ich während der Wartezeit Mickey-Maus oder Fix und Foxi-Hefte lesen! Es roch auch nicht nach Ziegen, sondern nach feinen Duftwässerchen. Ich bezahlte nicht mit Speck, sondern mit richtigem Geld!
Der Frisör-Meister selbst, ein kleines Männchen, schnitt mir persönlich die Haare ganz ohne mir dabei einen Kochtopf aufzusetzen.
Dabei saß ich auf einem drehbaren Kinderstuhl, den er mit einer fußbetriebenen Pumpe auf und nieder fahren ließ. Während er mir die Haare schnitt, fragte er mich dies und jenes.
Seine Maschine wurde elektrisch betrieben und zupfte nicht.

Wenn er dann fertig war, hielt er mir von hinten einen Spiegel hin und im Spiegel vor mir konnte ich mich von seiner Kunst überzeugen.
Zum Abschluss sprühte er mich mit einer duftenden Wolke ein, nahm mir den Umhang ab und schüttelte ihn aus.
Wie ein völlig anderer und neuer Mensch ging ich zum Bahnhof, investierte den letzten übrig gebliebenen Schilling in den Kaugummiautomaten und ging zu Fuß nach Hause.

Eine rettende Idee

Zu einer meiner vielen Aufgaben gehörte es auch, die Kühe auf die Weide zu treiben. Die Zeit war immer dann gekommen, wenn die zweite Heuernte, das „Grummet" eingebracht war und das Gras wieder nachgewachsen ist.
Wir hatten zwar schon einen elektrischen Weidezaun, der funktionierte aber nicht. Eine Reparatur oder gar Neuanschaffung rechnete sich nicht, weil ich viel kostengünstiger war.
Mit einem doppelt zusammen geklappten Ribisl-Marmeladebrot ohne Butter in Zeitungspapier eingewickelt als Wegzehrung marschierte ich mit einem Haselstecken ausgerüstet, den im Gänsemarsch gemütlich dahin trottenden Rindviechern hinterher.

Ein Großteil der Felder befand sich auf der anderen Seite der Drau, so war auch noch die B100 Bundesstraße zu überqueren, was aber kein großes Problem war, weil es Ende der fünfziger Jahre noch sehr wenig Autos gab.
Die alte Leitkuh ging immer voran, weil sie den Weg schon genau kannte. Von der Rasse war es eine silbergraue Montafonerin und zaundürr. An ihren weit hervorstehenden Hüftknochen hätte man einen Hut aufhängen können. Sie gab aber am meisten Milch und hatte schon viele Kälber zur Welt gebracht.
Wenn ich mit ihr zum Dorfstier nach Potschling zum „Lenzer" musste, hatte ich jedes Mal Angst, sie könnte unter dem Gewicht des schweren Stieres zusammenbrechen, wenn er auf sie von hinten aufsprang.

Die Prozedur kam eher einer Vergewaltigung gleich und dürfte für die Kuh im Gegensatz zum Stier, der genussvoll seine dicke Zunge aus dem Maul hängen ließ, kein Vergnügen gewesen sein? Sein wuchtiger Schädel flößte mir mächtigen Respekt ein.

Auf der Weide angekommen, hatte ich darauf zu achten, dass die Kühe nicht über die Grenze in das Nachbarfeld gingen und dem das Gras wegfraßen, weil es ihnen besser schmeckte. Mit dem Stock trieb ich die illegalen Grenzgänger wieder zurück auf eigenes Hoheitsgebiet.

Zu regelrechten Stresssituationen kam es, wenn der Nachbar auch seine Kühe nebenan auf der Weide hatte. Dann vermischten sich die Tiere, krachten mit den Hörnern aneinander und es gab ein heilloses Durcheinander! Mutig sprang ich dann dazwischen, ohne mir der Gefahr bewusst zu sein, was mir dabei als Bub hätte passieren können. Der Nachbar half mit, die Ordnung wiederherzustellen.

Wenn es bereits Ende Oktober war und die Sonne hinterm Hochstadel unterging, wurde es beißend kalt! Erste Nebelschwaden legten sich über die Wiese, krochen als weiße, langgezogene Schleier aus dem Dunkel des nahen Waldrandes und bildeten eine gespenstische Szene. Ich stellte mir dann daheim die wärmende Stube mit der Lärchenholztäfelung und dem Kachelofen vor, mit der gemütlichen Bank drum herum.
Weil ich in meinen Gummistiefel ohne Socken so entsetzlich fror, kam ich auf eine rettende Idee.
Nachdem eine von den Kühen gerade ganz frisch einen dampfenden Fladen ins Gras gesetzt hatte, stellte ich mich barfuß hinein und genoss die die wohltuende Wärme mit geschlossenen Augen.

Bilder zum Buch

Meine Mutter mit ihrem Bruder

Mutter und Vater

Als Firmling

Mit Großvater auf der Alm

Die Sommer verbrachten wir Kinder auf der Alm

Großmutter feiert den Geburtstag des Führers

Großvater empfängt den Ortsgruppenleiter

Mein Vater als Soldat

NS-Zeit, das dunkelste Kapitel meines Heimathauses

Meine Mutter mit Tante Regina

Mit meiner einarmigen Oma
der ich dieses Buch widmen möchte

Ich verdanke ihr so unendlich viel!

Auszüge aus dem Lyrikband:

Das Dorf

von

Siegfried Paul
Gelhausen

Prämiert mit dem Kärntner Lyrikpreis 2008

Gelhausens Dorfbeschreibungen sind von einer düsteren
Genauigkeit, von detaillierter Beobachtung
scheinbar kleiner Vorkommnisse, aber daraus entsteht
das große Bild.

Was die Form betrifft, so gefallen sie mir dann am
besten, wenn sie eine knappe ist.

Ich nenne dafür zwei Beispiele:

Das Gedicht „Unter roten Ziegeldächern"
und das besonders knappe Gedicht „Das Dorf".

Peter Turrini

winterlandschaft.

ohne die todesschreie der schweine
die man schlachtet, wäre die stille
in den dörfern beinahe unerträglich.

nur die roten flecken im schnee
bringen etwas abwechslung
in die eintönig weiße winterlandschaft
und in den alltag der kinder.

in den worten
der dorfbewohner
spiegelt sich die vergangenheit
und
in ihrer wortlosigkeit
das
grauenhafte.

in die langsamkeit des tales
fallen die jahre
wie fichtenstämme
unter der schneelast
eines nicht enden wollenden winters.

das dorf

hier endet jede hoffnung,
bevor sie noch begonnen hat.

wozu noch schreiben
wenn alles schon gesagt ist.

wäre es nicht besser,
das unausgesprochene
an das nächste fensterkreuz zu nageln
um dann einfach,
davon zu gehen.

die blumen
hinter den geschlossenen fenstern
dienen meistens nur dazu
um vorübergehende leute auf der strasse
besser beobachten zu können.

am ende des tales.

je weiter man
in ein tal hineinkommt,
umso öfter grüßen die menschen.

der glaube an wunder und heilige
schmückt die gesichter der frauen.

in den kleinen gärtchen
blühen gladiolen,
rittersporn und sonnenblumen.

in den bergen bleibt der schnee
oft bis in den frühsommer liegen,
während die ersten fremden
auf der dorfstrasse verbluten.

am ende des dorfes
beginnt
der friedhof.

stumpf schauen die augen der frauen
von den grabsteinbildern.

sie sind
ausgebrannt und hohl.

erloschen,
durch zahlreiche geburten
und einem leben
voller arbeit.

heimat ist,
was man mit freiem auge
gerade noch erkennen kann
und endet dort,
wo die gipfel der berge
das dahinter liegende verbergen.

das macht alles einfacher
und schafft klarheit
in den köpfen
der talbewohner.

die einen
verstecken sich
ihr ganzes leben lang
in ihren häusern
und
beobachten die straße.

andere
wieder sind fast ständig unterwegs
und nie daheim.

frau mit kopftuch.

im halbdunkel der kleinen höfe
auf der rückseite
der aneinander gereihten häuser,
bilden türme von sperrmüll
eine geheimnisvolle landschaft.

zum trockene aufgespannte tierhäute
laden schwärme von fliegen
zum bleiben ein.

manchmal bewegt sich
die gestalt einer frau mit kopftuch
zwischen den verkrüppelten
stämmen
der alten apfelbäume
hin und her.

unter
roten ziegeldächern
hängen kräuter
vom letzten sommer.

eine tote,
vetrocknete katze
liegt zwischen gerümpel
und alten kleidern.

in verstaubten truhen,
feldpostkarten
briefe
fotos
hackenkreuzabzeichen,
es knistert
im dachgebälk.

seit generationen
hat sich nichts
in den gemeindestuben
verändert.

nicht einmal
der blick aus dem fenster.

nur der kalender
wird jedes jahr ausgewechselt.

es ist schon vorgekommen,
dass einer
am samstag vormittag
seine braut
zum traualtar führte
und
am nachmittag
die jauche
auf das feld.

am abend sitzen sie
vor ihren häusern
auf der gassenbank
und schauen
zum sternenhimmel hinauf.

sie glauben,
dass sich da oben
irgendwo
der liebe gott versteckt
und herabschaut.

tatsächlich
könnte er neben ihnen sitzen
und
sie würden ihn
nicht einmal erkennen.

in der zerissenheit
spiegelt
sich das dorf.

die gegenwart
fügt sich nahtlos
in die vergangenheit.

die alten
sterben
aus den häusern.

die jungen
gehen
von selber fort.

ihr gewissen
verscharren sie
wie der hund
seinen knochen,
um dann
das gras
darüber wachsen zu lassen.

sattes
donnergrollen
kippt
über baumlose bergkanten,
über weidende
schafe.

aus dem kamin einer hütte
steigt weißer rauch
und
die seele färbt sich
dunkelgrün.

ganz plötzlich
aufkommende schneewinde
jagen scherenschleifer
und hausierer
aus dem dorf.

stacheldrahtzäune
rosten im novembernebel.

wie faule äpfel
fallen die stunden
auf
den regennassen asphalt.

Siegfried Paul Gelhausen

Geboren am 27.Mai 1950 in Pflügen, Gemeinde Irschen,
lebt mit seiner Frau Grazyna in Dellach im Drautal, Kärnten

Begann sich in den 60er Jahren schon für die Malerei zu interessieren und lernte bei Prof. Theo Braun, in Brunn am Gebirge verschiedene Techniken wie z.B. die Eisenradierung kennen.

1972 Erste Ausstellung in der Kellergalerie des Klagenfurter Stadthauses. Weitere folgten im In- und Ausland mit längeren Pausen dazwischen.

1982 Erste Buchveröffentlichung, „Wetterleuchtn" Mundart-Texte, Verlag Welsermühl, Oberösterreich

1987 Reise nach Südostasien mit längerem Aufenthalt auf einer thailändischen Insel in einer Bambushütte.

1987 Ausgewandert nach Südamerika. Drei Jahre Paraguay, Restaurantbesitzer in der Hauptstadt Asuncion.

1990 Rückkehr nach Kärnten.

1991 *„ROTER STAUB IM LILA-WOLKENLAND",* eine Sonderausgabe der Literaturzeitschrift FIDIBUS, Kärnten

1993 1.Preis für Mund-Art Lyrik von der freien Akademie Feldkirchen / Kärnten

1994, 1995 und **1996**   Arbeitsstipendium des Ministeriums für Unterricht und Kunst / Wien

1994   Erscheint der Mund-Art Lyrikband, *„Mei longe Wondaschoft zur Sunn"* im Verlag Carinthia / Klagenfurt

1999   Librettos für Chorwerke und Oratorien, vertont vom Komponisten Dr. Günther Antesberger.
Uraufführungen;
Carinthischer Sommer / Ossiach
Wappensaal des Landhauses in Klagenfurt
Klagenfurter Dom
Musikfestival Murau / Steiermark

2002   *„IM SCHATTEN DES MANGOBAUMES",* Sonderausgabe der Literaturzeitschrift FIDIBUS, Kärnten

2008 u. **2011**   Lyrikpreis der Stadtwerke Klagenfurt

2014   Kulturpreis der Stadt Klagenfurt

2020   Kärntner Lyrikpreis

Nachwort;

Über viele Jahre trug ich dieses Buch im Kopf mit mir herum und immer, wenn ich versuchte es zu schreiben, gab ich bald wieder auf.
Wen würde es schon interessieren, dachte ich mir. Noch dazu wo die Buchläden überquellen und aus allen Nähten platzen.
Dazu kommt, dass immer weniger Bücher gelesen werden, das Handy hat längst das Buch verdrängt.
Ich stamme aus einer Generation, wo Bücher noch einen sehr hohen Stellenwert hatten. Diese Zeit dürfte wohl endgültig vorbei sein?

Trotzdem habe ich nun nach vielen Überlegungen dieses Buch geschrieben. Der Grund ist eigentlich ganz einfach zu erklären.
Mit meinen Kindheitserlebnissen ist es so, als würde man über eine grasbewachsene Wiese gehen.
Unter dem Rasen sind Maulwürfe am Werk, werfen unermüdlich kleine Erdhügel auf und befördern Verborgenes an die Oberfläche.
Über Jahrzehnte schlummerten die Geschichten dieses Buches in mir und ich schenkte ihnen wenig Beachtung. Wozu auch, es gab Wichtigeres. Mit zunehmendem Alter wurden die kleinen Maulwürfe in mir immer aktiver, ließen mir keine Ruhe! Die Geschichten mussten an die Oberfläche. Also setzte ich mich an den Computer und schrieb. Dabei stellte ich fest, dass mit jeder Zeile Ballast von meiner Seele abfiel. Es ist, als würde man in einem Ballon fahren und dabei Sandsäcke abwerfen um an Höhe zu gewinnen.

Ich glaube, dass meine Kindheit in der Einschicht um die Mitte des vorigen Jahrhunderts gerade in der jetzigen digitalisierten Zeit für Leser interessant sein könnte? Der Vergleich mit einem Besuch in einem Museum drängt sich dabei auf.

Eigentlich ist das Schreiben von Prosa nicht meine große Stärke, weil ich mich in der Lyrik besser ausdrücken kann. Trotzdem will ich versuchen, in den Worten und Sätzen Bilder zu erzeugen, die sich im Kopf des Lesers erst entfalten und lange überleben.

Eine große Leseranzahl wird dieses Buch wohl nie erreichen und muss es auch nicht.
Ich bin mir bewusst, über den Inhalt werden auch Meinungen auseinandergehen, aber das soll so sein.

In meinen Familien und Verwandtenkreis wird man nicht immer erfreut sein, wenn die Vergangenheit wieder hervorgeholt wird.
Aber wie sagte einmal die große Schriftstellerin Ingeborg Bachmann;

„Die Wahrheit ist den Menschen zumutbar!"